50代からの選択

ビジネスマンは人生の後半にどう備えるべきか

大前研一

50代からの選択

目次

◆第一章　拡がる世代間格差

◆第二章　日本の平均年齢50歳の時代

◆第三章　第2の人生に備える

50代からの選択

ビジネスマンは人生の後半にどう備えるべきか

第一章　拡がる世代間格差

時代をつくった大経営者はみな20代に創業している

入社数年で〝サラリーマン染色体〟に染まる

今の時代、単なるサラリーマンとして会社に生かされているだけでは将来は暗い。僕はそんな人々に対して、再三「今までやってきたことをオールクリアして、新しい社会や経済を受け入れ、自分の進む道を自分自身で探してみよ」と説いてきた。それぞれが、自分の人生をいま一度リセットし、会社から人生を取り戻すべきなのだ。

その際、大きな変数になるのが年代である。あなたが今何歳で、サラリーマン人生のどの局面にあるのか。それによって、リセット後の選択肢は大きく変わってくる。そして、この年代、世代による格差は、近年とみに大きくなってきており、このままで行けば、どの世代に属するかが、幸不幸の最大の分かれ目になりかねないというところまできているのだ。

そのことについては、のちにくわしく述べたいが、20代、30代、40代、50代という世代が、ビジネスマンにとってどんな意味を持っているか考えてみたい。

そこで、まず、松下電器産業、本田技研工業、ソニーなど、世界に冠たる企業を興した大経営者たちの20代をたどってみたい。松下幸之助さん（松下電器）、早川徳次さん（シャープ）、本田宗一郎さん（ホンダ）、盛田昭夫さん（ソニー）、藤田《でん》田さん（日本マクドナルド）、稲盛和夫さん（京セラ）……、戦後の日本をここまで押し上げた彼らはどんな20代を過ごしたのか。そこに共通するものはあるのか。20代に、人は何をすべきなのか。

松下幸之助さんは、尋常小学校を出てから丁稚《でっち》奉公をして実学を学び、二股《ふたまた》ソケットを発明、その製造販売で独立し、20代半ばでのちの松下電器を創業している。この創立メンバーだったのが、松下さんの義理の弟で、のちに三洋電機を創業する井植歳男さん。井植さんは、高等小学校（現在の中学校）卒で、創業こそ40代だが、20代は松下さんのもとで経営陣のひとりとして辣腕《らつわん》を振るっている。

早川徳次さんは、丁稚奉公に励んで金属加工の技術を身に付け、シャープペンシルを発明。シャープの前身となる会社を興した。

本田宗一郎さんは、丁稚奉公先の自動車修理工場からのれん分けしてもらって独立し、成功を収めるも、修理の仕事だけに飽きたらず、必死で勉強して、ピストンリングの製造を始めた。これが本田さんの20代だった。

盛田昭夫さんが、井深大《まさる》さんの誘いで、東京通信工業（現ソニー）の設立に参画したのも20代半ばである。盛田さんは大阪大学から海軍へというエリートコースを歩んだが、実家が造り酒屋で、もともと商売っ気のある創意工夫にあふれた人だった。

エリートという点では、日本マクドナルドの藤田田さんや、リクルートの江副《えぞえ》浩正さんは、東京大学の出である。だが、彼らとてたまたま出身大学が東大だったというだけで、東大を出たこととその後の成功とは何の関係もない。成功に関係があるとすれば、二人とも在学中から、世の中の流れをよく見ており、自分の考えを持ち、早くから行動に移していたということだけだろう。藤田さんは大学在学中に「藤田商店」という貿易会社を興し、江副さんは、大学新聞の広告営業を発展させる形でリクルートを創立した。

京セラを創業した稲盛和夫さんには、大学卒業後数年間のサラリーマン経験がある。だが、硝子メーカーに入社するも、上司と衝突して数年で退社。すぐに仲間を集めて、新会社を設立している。

オムロンの立石一真《かずま》さんも、配電盤メーカーに就職後、すぐに才能を発揮し始めるが、それを快く思わない上司と対立。やむなく会社を飛び出し、自分の考案した家庭用品をつくっては自転車に載せて行商するという苦しい20代を過ごした。この経験は、あとになって創業する立石電機製作所（現オムロン）の経営に生かされている。

どうだろう？　こうして見てくると、少なくとも、一流大学を卒業したかどうか、大学で何を学んだかは、その後の経営者としての成功とはまったく関係がない、むしろ社会から何を学んだかの方がずっと大切である、ということが言えないだろうか。

つまり、大経営者の共通項とは、学歴ではなく、彼らがいずれも傑出したアイデアマンであり、ほとんどが20代で思い思いの会社を興しているということなのだ。

彼らは、サラリーマンにはなる気が最初からないか、あるいはサラリーマンになったとしても、短期間で上司と衝突して、結局は独立することを選ぶようなメンタリティの持ち主である。だから幸運にも飼い慣らされることなく、資質を伸ばすことができた。

サラリーマンは、常に上司によって、「人に言われたことをきちんとこなす力があるかどうか」で評価される。20代にこうやって育てられると、言われたことはやる、言われないことはやらない、という思考・行動パターンが習慣化する。これは、サラリーマンの生活習慣病みたいなもので、数年のうちに「お手」と言われたら、サッと手を出すという〝サラリーマン染色体〟に染まってしまうのだ。

ここにあげた大経営者たちは、「お手」と言われても素直に手を出さず、20代を思うままに生きてきた。それこそが、多くの経営者に共通する特徴なのだ。

NOと平気で言える資質

このように戦後をつくってきた多くの大経営者は、20代に創業している。だが、経営に身を投じるのが、30代、40代であっても、その原点は20代にあり、という経営者は多い。

1950年に、日本で初めてテープレコーダーを製品化したのは、東京通信工業

（現ソニー）だが、当時副社長だったか常務だったかの盛田さんに対して「おまえのところのテープレコーダーは、ここがダメだ。あそこをこう直せ、ここはこうした方がいい」と、クレームをつけてきた生意気な大学生がいた。それが、当時は東京藝術大学に在学中で、のちにソニーの社長となる大賀典雄さんである。

ちょうどそのころ、日本楽器製造（現ヤマハ）の川上源一さんは、世界一のピアノをつくろうと試行錯誤を繰り返していた。大賀さんは川上さんにも、「お前のところのピアノはここが悪い、あそこが悪い」と文句をつけに行っている。

大賀さんのクレームは、単なるいちゃもんではなく、理にかなった鋭い指摘だったから、盛田さんも川上さんも、「生意気なヤツだ」と思いながらも、気になってしょうがない。で、ふたりとも「卒業したらうちに入らないか」と入社を勧めたのだが、大賀さんに「ドイツに留学するから」とあっさり断られてしまう。

ところが、ここで、盛田さんは留学費用の一部を負担した。川上さんは「帰ってきたらまた話をしよう」ということで送り出した。ドイツから帰ってきた大賀さんは、しばらく二期会で歌を歌っていたところを、盛田さんに「そろそろいいんじゃないの？」と引っ張られ、二期会からいきなりソニーの製造部長へと転身する。あとになって川上さんが「あれが自分の人生最大の誤りだった。あそこで金を出しておくべきだった」と僕にぼやくこと、ぼやくこと。

そのくらい大賀さんというのは、飛び抜けたアイデアマンだったわけだ。さらに大事なことは、大賀さんは、当時はまだ今ほどの大会社でなかったにしろ、ソニーとヤマハという戦後をつくった会社のふたりの巨匠に対して、自分はこう思うということを〝藝大の学生のくせに〟はっきり言える性格だったということだろう。「お手」と言われても、「いや、今は『ワン』と吠えるべき局面ではないですか」と平気で言える資質は、経営者にとって欠かせないものだ。

20代でアクションを起こせるか

現在ジャパンタイムズの会長で、ニフコという会社の創業者である小笠原敏晶さんの経営者としての原点も20代にある。

小笠原さんは、学生時代にアメリカの雑誌『Reader's Digest』を読んでいて、「ベルクロ」というマジックテープで大成功を収めた人の記事に興味を持つ。で、これはおもしろいぞ、と思うが早いか当人に手紙を書き、日本での販売代理権を取得してしまう。

『Reader's Digest』をフンフンなるほどと読み流すだけでなく、販売権をいただこう、と学生時代に思い立ち行動に移すところに、経営者としての資質が垣間見えるではないか。

その後小笠原さんは、プリンストン大学に留学することになるのだが、留学前にこの「ベルクロ」の販売権をどこかに売ろうと考える。そこで思いついたのが、当時の国鉄のグリーン車、一等車座席のヘッドレストカバーや、寝台車のシーツだ。当時は安全ピンで留められていたが、取り替えるのに手間がかかっていた。これを「ベルクロ」に代えれば一発でOKだ。

結局、販売権を数億である化学会社に売ることに成功した小笠原さんは、超優良金持ち学生として、プリンストンで学び、優雅な留学生活を送る。そして、留学中にパーティーか何かで、世界のトップ何社かにはいる化学会社の社長とたまたま出会い、チャンスを狙ってその後その会社と合弁でニフコを設立。力を付けて相手会社の株を買い取り、ニフコをグローバル企業へと育てた。

この行動力のすごさは、前述した藤田さんや江副さんにも通じるところがある。

彼らはみな、先を見据え、これからどんな社会が来るかを考えて、自分でどんどんアクションを起こしていくという20代を過ごしているのだ。

おそらく、こんな資質を持つ20代は世の中にごまんといる。ところが、みんな入社数年でサラリーマン染色体に染まってしまい、言われたことはやる、言われないことはやらない、という習慣がついてしまうのだ。

上司に「これをやれ」と言われたとき、なぜやらなければいけないのか、そもそもやることに意味があるのか、ということを考えずに言われたとおりに動く。昇進を気にして、言われたことをいかに効率よく仕上げるかだけに心を砕く。

そんな中で、指示されていないことをやろうとか、新しい提案をしていこうとする気力はいつの間にか失われてしまう。こうなるともうダメだ。

20代のこの段階ですでに、経営者として成功する人と、そうでない人は別の道を歩み始めることになる。このように、20代をいかに過ごすかは、その後の人生では埋めようもない格差となっていくのだ。

30代は成功に向けて全力で取り組む時期だ

35歳で会社の原型をつくる

それでは、大経営者たちは、30代に何をやってきたのか。

これまで名前をあげてきた経営者のほとんどは、30代で会社の組織としての礎《いしずえ》を確立している。たいてい35歳前後で、最もドラスティックに改革を行い、その後はそのときにできた流れを加速し拡大していくというパターンだ。たとえば年商1000億円を突破した時点、あるいは3000億円を突破した時点から振り返ってみると、創業者が35歳前後というのが、ちょうど組織概念の完成の時期であったり、成長領域に特化した時期にぶつかったりしている。

言い換えれば、経営の旬《しゅん》というものは35歳前後、経営者として花開くのは、広く見積もっても35歳プラスマイナス5歳なのだ。

松下電器で言うと、松下幸之助さんが、その後の発展の大きな要因になった「事業部制」の実施に踏み切ったのは、30代の後半である。これにより、三つに分かれた各事業部は、研究開発から生産、販売に至るまでを一貫して担当する、独立採算の事業体となった。

総合家電メーカーという見方をせず、販売会社のネットワークをつくりながら、一切の責任と権限を事業部に持たせるというこの組織体制を、幸之助さんは35歳ごろ、オランダのフィリップス社から学んだという。そして、その後、事業部が何百という数まで増えようが、売上げが1兆円になろうが、世界中どこへ行ってもこのパターンを崩さなかった。その組織体制の完成が30代だったのだ。

小学校しか行っておらず、英語もできなかった幸之助さんが、オランダの会社の組織を研究し、事業部制にぶちあたった。そこに至るまでにはたいへんな苦労があったと聞くが、それを支えたのが、幸之助さんが20代で行き着いた「水道の哲学」である。

水道の蛇口をひねったら水が出るがごとく、安くて価値ある家電製品を家庭に普及させたい。これを実現するにはどうしたらよいのか。多種多様な商品を大量につくり、整然と売りさばいていくには、これまでのやり方ではダメだ。町工場では無理だ。それなら、フィリップスという世界一の家電メーカーから学ぼうじゃないか。幸之助さんは、フィリップスに出向き、徹底的に組織を学ぶ。その後、フィリップスの経営が下向き、逆に松下が大成長を遂げ、フィリップスを追い越したときに、若い人は、「もう、あんな会社から学ぶものはない」と言ったけれども、幸之助さんは、最後まで「現在の松下があるのはフィリップスから習った手法のおかげ」と感謝の心を失わず、そのありがたさを語り継いだ。

幸之助さんが94歳で亡くなったとき、デッカーさんというフィリップスの元会長が、わざわざ大阪の枚方《ひらかた》までやって来て、足を引きずりながら葬儀委員長を務めていたのは感動的なシーンであった。また幸之助さんの人生の多くを語るシーンでもあった。

世界中どこへでも足を運ぶ

ヤマハの場合も、川上源一さんが、まもなく日本にもやって来るレジャー時代をにらんで、すさまじいほどの情熱でピアノの研究を行ったのは、やはり30代だ。

川上さんは、最も美しい音色を求めて、熱帯、北欧、シベリアその他世界中から木を集め、さまざまな乾燥方法を試み、ピアノ線の張り方を変えたり、鋳物の厚さを変えたりして、何十万通りの組み合わせをすべて調べ上げた。

さらに、ピアノの線を張る鋳物の工場をつくるために、当時の資本金をはるかに超える金額を投下するようなことも思い切りよくやってのけてしまう。

やがてヤマハのピアノはトップブランドに成長していくが、その原型を川上さんは30代の半ばでつくりあげていたのだ。また、このときの木の研究が、その後のテニスラケット、洋弓、スキー、家具といった事業分野への参入にもつながっていくのである。

稲盛和夫さんが、ファインセラミックスに特化して世界一になっていく足固めをしたのも30代であるし、本田宗一郎さんにしても、盛田昭夫さんにしても、立石一真さんにしても、30代のときに最も貪欲《どんよく》に勉強をし、その後の基盤をつくりあげている。

20代に信念を持って自分からアクションを起こし、30代で将来の発展につながる会社の原型を完成させる。大仕事を成し遂げてきた人の軌跡をたどれば、ほとんど例外なくこのパターンだ。

これは、アメリカの経営者についても同様だ。ハーバード大学を中退して、マイクロソフト社を立ち上げたビル・ゲイツ氏も、デルコンピュータをテキサス大学在学中に開業したマイケル・デル氏も、10代、20代で才能を見せ、30代で会社の骨格をつくっている。

ナイキを創業し世界一のスポーツ用品会社に育て上げたフィル・ナイト会長も、30代でブランド名「ＮＩＫＥ」やマークを考案、トップブランドへの道を一直線に走り始めた。

ナイト会長は24時間スポーツのことを考え、いいスポーツシューズをつくることだけにすべてを捧《ささ》げてもいっこうに苦にならないという、日本の大創業者たちと同じタイプの人間である。

そして、将来有望なスポーツ選手がいると聞けば、世界中どこへでも足を運んで会いに行き、スポンサーになってわが子のように大切に育てる。世界最高のアスリートが使ってくれる製品をつくればそれは、世界中で売れるという信念なのだ。

また、創業当初から〝世界企業〟を目指したナイト会長は、世界の最適地で生産する、という考えのもと、これまでにアジア全域で工場を展開している。工場適地があると聞けば、汽車を四十何時間乗り継いでいくような中国の奥地でも、自分の目で見に行く。安価で良質な大量の労働力を求めて、彼ほどアジアの田舎を歩き回ったエグゼクティブはほかにいないだろう。今では中国、ベトナム、インドネシアなどに50万人の雇用を創出している。

やり直しがきく年代は

なぜ、彼らは30代で会社を集中的につくりあげられたのか。

ＩＴ社会は、若者が力を発揮できる社会だから、20代がトップになって会社をつくっていくことも不可能ではない。だが、経営にはある程度の経験が欠かせないし、業界や会社やビジネスに関する知識も必要なので、そういったものが身につく時期というと、やはり20代ではなく35歳前後ということになる。

また、35歳くらいまでであれば、たとえ失敗してももう一度やり直せるぞ、という意欲というか勇気や余裕のようなものを、まだ失ってはいない。これが40代になると、もう1回のチャンスに懸けることも、やり直せばいいさと開き直ることもできないため、リスクをとった改革の断行には二の足を踏んでしまう。

僕のコンサルタントとしての経験からしても、40代以上になって、思い切った方向転換を図れる人は極めてまれだ。

さらに、30代なら、成功のために24時間ぶっ通しで働く、連日徹夜する、といった肉体的な無理もきく。

このように、30代、とくに35歳前後は、肉体的、精神的、生理的、能力的なさまざまな面から見て、トップに立つ適齢期、経営の旬なのだ。

戦後の大経営者たちが、いずれも30代という時期に、集中的に会社の原型をつくりあげ、経営者として花開いているのは、決して偶然ではない。30代という年齢が、成功に向けて100％の態勢で突入できるまたとない時期だったからなのである。

人は社会に出て10年で学ぶべきことは学ぶ

だれが仕事の担い手か

経営者としての花が開くのが35歳前後であるならば、サラリーマン人生の旬はいつごろなのか。

ここに、営業部長、営業課長、営業係長の3人がいたとしよう。一番現場のことが理解でき、最先端の知識を持っているのは、例外なく営業係長である。課長は、係長から意見を聞いて判断し、部長に上げる役回り。部長は、30代前半の人たちのつくった資料を読み上げるだけの人だ。

会社組織であれ、官僚組織であれ、年功序列型の組織におけるステップは、知識や力量に応じてステップアップしていくものではない。だから、こう言っちゃ何だが、上に行くほど実務面では役立たずばかりということになる。

そもそも、入社して10年、35歳ぐらいまでの間に、どんな会社であれ、会社で学ぶべきことはほとんど覚えてしまえるものなのだ。だから、サラリーマンは大卒で入社後、最初の10年間でどこまで行けるかが勝負で、その後、会社にいて身に付くことなど何もない。つまり、前述した経営者の場合とまったく同様に、35歳前後がサラリーマンとしての旬ということになる。

エンジニアの場合は、これがさらに前倒しされる。僕はマサチューセッツ工科大学（ＭＩＴ）で原子力工学を勉強し、卒業後は日立製作所に入社したが、当時「自分の専門分野で、５年で日本一になれ。７年で世界一になれ。なれなければ去れ」と言われたものだ。エンジニアの世界は、スポーツと同じで、ヤングマンズ・ゲーム。若いほど力があり、35歳よりは30歳の方が有能であることが普通になっている。つまり実務のピークは、一般的には35歳、エンジニアなら30歳。ほとんどの会社で、実質的な仕事の担い手はこの層なのだ。

「負け犬」は女の経営戦略

この「入社して10年」という数字は、僕は案外生物的なものではないか、と考えている。人間という動物が、環境から学習し社会に適応するのに要する期間が、たいてい10年間なのだ。もちろん動物だから個体差は当然ある。人によって5年の場合もあるし、15年の場合もある。何年たってもどうしても適応できないという人もいるだろう。だが、平均的には入社後10年、32歳から35歳くらいまでに、学ぶべきことはすべて学び完成してしまう。ここに変わらぬ真理があるのではないか。

リクルートという会社は、この「入社10年で完成する」というサラリーマンの生物的な特徴を、日本で唯一、いやおそらく世界でも唯一、理解している会社で、「32歳定年制」とでも呼べそうなユニークな人事制度を持っている。

これは、学卒で入社して10年後、一般的には32歳になったら、退職金として1000万円出すから、とっとと出て行ってくれ、転職するなり、独立するなり、好きにしてくれ、というシステムだ。残りたいヤツはもちろん残ってもかまわない。だが、リクルートは完全能力主義を採用しているから、能力のないヤツがこのまま残ったところで、定期昇給もしないし、昇進もないよ、というわけだ。

入って10年でひと花咲かせられるだけのアイデアと能力を持たない社員が、その後、花開く可能性は極めて低い、ということがハッキリとわかっているからこそ、できあがったシステムである。そして、結果的には、これらの制度によって実力のある若い人が一番活躍しやすい環境が整い、それがリクルートという会社の強さになっているのだ。

独身のまま30代になった女性を「負け犬」と表現した『負け犬の遠吠え』（酒井順子著・講談社）という本が話題を呼んだが、あれも、社会に出て10年後のひとつの結論と見るべきだ。10年かけて至った、成熟した女性の老成した諦観である、と僕は受け止めている。

彼女たちは「はいはい、私は負け犬ですよ、それが何か？」と開き直った方が人生はハッピーになるということを計算の上で「負け犬」を自称しているわけだし、男というものを見限りながら、その利用法を考えるところなどは、大経営者にも劣らぬ知恵だ。

10年たっても社内で鳴かず飛ばずであるにもかかわらず、自分に何が足りないかが把握できないヤツや、「上司に言われたとおりにやってきたのに、なぜオレは仕事に恵まれないいんだろう」とぼやいているヤツは、大経営者に学ぶのも結構だが、負け犬から学ぶべきことも大いにあるぞ、と言いたい。

30代だから書けた『企業参謀』

僕自身についていえば、ベストセラーになったビジネス書『企業参謀』（講談社）を書いたのは、僕が経営コンサルタントとしてマッキンゼー・アンド・カンパニーに入って1年目、29歳のときだ。それまで勤めていた日立製作所では、ひたすら原子炉の設計ばかりやっていたから、入社の時点では、経営については「け」の字も知らないど素人だった。

経済オンチを自覚していた僕は、ハンデを克服したい一心で、入社直後から土日を返上してマッキンゼーの資料を読みあさり、会社が過去に世界各地で手がけた仕事のレポートを、ノートをとりながら読み込んでいった。さらに、実際の仕事で理解したことや経験したことも全部ノートに記録しておいた。

このノートを見た『プレジデント』誌の守岡道明編集長（当時）が、「おもしろいじゃないか」と関心を示したことがきっかけになり、2年後にそのノートがそのまま単行本になった。それが、『企業参謀』である。

ビジネス手法について、科学的に記した本がそれまでなかったから、『企業参謀』

は飛ぶように売れ、僕は講演にひっぱりだこになり、32歳の若さで売れっ子経営コンサルタントになってしまった。で、調子にのって『続・企業参謀』（講談社）や経営戦略シリーズ、プレジデントシリーズなどを、書きまくったわけである。

今思えば、「あの野郎、生意気な若造だったな」と思う。「ちょっと恥ずかしいな」とも思う。けれども、経営については正しいことを言ってきたという自負はある。僕はあのとき、65歳の人の方が優れている、とは考えなかった。65歳の人から学ぶべきことは多いが、新しい経営については自分の考えを発表すべきだ、と思い、現在進行形で書いた。あのころの僕の本には、そういうものだけの持つ破壊力がある。そして、それは僕が30代前半だったからこそ、持てたものなのだ。

相手に共感してもらえるか

その後、僕はマッキンゼー日本支社長として、総計540人ほどのスタッフを採用した。それらの人が優秀なコンサルタントとして通用するように徹底した社内教育システムをつくった。その経験から言えるのは、採用後、マッキンゼー化し、世界のどこででも通用する経営コンサルタントに育てるためには、採用時に30歳プラスマイナス2歳、つまり28歳から32歳でなければならないという経験則である。

35歳ではダメ、34歳や33歳でも遅いのだ。入社して最初の10年で学ぶべきことはすべて学べると前述したが、逆に言えば、10年間日本の企業にいたら、サラリーマン染色体に染められてしまい、その悪い癖がなかなか抜けなくなる。

マッキンゼーは、個人の技能で勝負する会社なので、チームプレーで食っていく日本的な会社で染みついた癖はじゃまにしかならない。その癖を直すのに、何年もかかるような社員を採用するわけにはいかないのだ。

一方、日本企業で働いた経験のない学卒者を採ってきて、マッキンゼー的世界になじませ、世界のどこでも通用するマッキンゼーの染色体をつくろうとするのは、当人の能力さえ高ければさほど難しいことではない。事実、今、マッキンゼーでパートナーになったり、各界で活躍しているマッキンゼー出身者の大半は、大学か大学院を卒業したところで採用され、一からマッキンゼーで育てられた人たちである。

それでは、社会人経験2年から5年、23、24歳から27歳くらいまでの人を採用した場合はどうなるのか。

このくらいの年齢だと、まだ日本的な企業社会というものの体質や慣習をほとんどわかっていない。にもかかわらず、自分は日本企業に一度は就職しその空気の中にいたのだから、理解できていると錯覚してしまっている場合が多い。

たとえば、コンサルタントをする相手企業の30代のメンバーと夜遅く、11時くらいまでガタガタと仕事をし、ようやく終えて表に出た。みんなで最寄りの駅まで歩いていく。そのときに、お客さんの目の前で、27歳の自分一人だけが「ヘイ、タクシー」とやってしまう。この生意気な行為ひとつで、「もう、絶対あいつの言うことは聞かないぞ」と、相手の気持ちが閉じてしまうということに、まったく気づかないのだ。

日本企業の慣習というものを本当にわかっていれば、仮にどうしてもタクシーで帰らなければならないときでも、駅まではいっしょに歩き、そこで「さようなら」と別れてから、見えないところでタクシーを拾うぐらいの配慮はできるだろう。

マッキンゼーは日本の企業と比べるとかなり給料が高い。給料が高ければ高いなりの生活慣習というものが身に付いてくるのは当然だが、それを無神経に表に出してしまったら負けなのだ。

中途半端に早く採用してみたが、使えなかったヤツというのは、だいたいこのタイプで、相手にシンパシーを感じてもらえないために仕事がうまく流れなくなってしまう。経営コンサルタントという仕事は、相手に提言をして説得していく商売だから、そういう人間には勤まらないのである。

こんな経験から導き出した結論が、社会人経験者を採用するなら、30歳プラスマイナス2歳まで、というルールである。オレは日本企業に6年間いた。そこで、イヤと言うほど日本企業の慣習を知らされた。もうああいうところには戻りたくないぞ、オレはマッキンゼーにかけるぞ、てなヤツはうまくいく確率が高くなる。

言い換えれば、サラリーマンが方向転換をしようとするのなら、その適齢期は28歳から32歳であるということなのだ。

社内営業に走る「魔の時」が35歳から始まる

すぐお伺いを立てる癖

　それでは、転職もせず、新しい勉強を始めるでもなく20代後半から30代前半を過ごし、社内で学べることはすべて学び、サラリーマンとしての能力を完成させてしまった35歳は、その後どう生きればいいのか。

　実は、ここからが問題である。35歳以降は、自分で目標を掲げ、目線を上げて、さらに高い次元に向かって努力するということを、意識的かつ強制的にやらない限り知的進歩がないのだ。

　最初の10年はだれでも進歩する。だが、そこから先進歩するのは、努力し続けた人だけというわけである。サラリーマン染色体に染まりながら、それに抗って、自分を生かす方向で努力をするというのは、実は相当難しい。

　というのは、年功序列型組織では、ピークを打った後の35歳から50歳までは、ひたすら出世の順番を待つがまんの時代が続くからだ。かつて僕はそれを「魔の15年」と呼んだ。50歳を過ぎてから権限のあるポストが回ってきて、そこでようやく「魔の15年」を抜け出す。これがごく一般的なパターンだった。

この「魔の15年」に会社でやることと言えば、社内で名前を知られるための社内営業だけである。これは、マイナス点だけがカウントされるお手つきゲームのようなものだから、とにかく失点をしないことに神経をすり減らすことになる。牙をむき出したら負け、上からかわいがられなければ出世のチャンスは遠のく。利益を生まない内側を向いた不毛な営業活動に時間を費やす中で、35歳の時点ではだれもが持っていたであろう目標や向上心が、次第に失われてしまう。これが「魔の15年」なのだ。

マッキンゼー時代に採用した540人の中には、30代後半も何人もいたが、彼らに共通する欠点があった。それは、何かにつけて「大前さんの意見はどうですか」と、お伺いを立てにくることだ。僕の聞きたいのは、現場を見て、フィールドインタビューをし、分析をしたお前自身の意見は何なんだよ、という一点だけ。それをクライアントに上げるのが、管理職としての僕の仕事だ。ところが、あっちは、僕が何を考えて、クライアントに何を言いたいのかを、探ろうとしてくる。

管理職である僕の意向を気にするような人間というのは、極めて危険だ。「もしかしたら大前さんは、クライアントにそこまでは言いたくないのではないか」などとおもんばかっていたら、事実そのものがゆがんで見えなくなってしまう。

「大前さんが何といっても、私が調べた結果はこうなんです、分析するとこうなります」と、なぜ言えないのか。

これはその人の性格的な問題ではなくて、要するに日本の会社に過剰適応した結果なのである。入社して10年を超え、魔の15年に突入し、社内営業に走ってしまった。相手の顔色を気にしながらモノを言う癖がついてしまった。この日本企業の〝美徳〟が30代後半の彼らには染みついているため、僕の意向を聞かなければ居ても立ってもいられなくなってしまったのだ。もちろん、これは僕についての問題ではなく、一事が万事で、その後のその人の人生の能力、選択肢を著しく狭めてしまうことにもつながっている。

「魔の15年」とは、待ちの時代である。ただ流されて過ごしたら、知的な進歩はないから、35歳のときにやっていた仕事と45歳になってやっている仕事が実質的にはまったく同じ、なんてことがざらに起こる。それを避けたければ、目標を掲げて努力をし続けることだ。

拡がっていく差

ところがここへきて、「魔の時」が延び、「魔の25年」「魔の30年」になろうとしている。かつてなら50歳で回ってきたはずのチャンスがポスト不足で後ろ送りされる、あるいは、「魔の時」を抜け出せないまま定年を迎える、ということが普通になってきてしまったのだ。

現実を見つめてみよう。ちょっと社内を見回してほしい。入社当初からあなたが一目置いてきた、同期の「できるヤツ」たちは、今どこにいるのか。彼らは早々に「上に行く要員」というレッテルを張られ、活躍の場を与えられ、組織の中枢へつながるラインに乗っているか、すでに中枢付近に陣取っているはずである。

将来「上に行く要員」と「横に出される要員」との峻別は、実はサラリーマン人生のかなり早い時期からつけられているのだが、30代、40代と年齢を重ねるにつれてその差は拡大していく。

それでも、40代までなら一発逆転があるかもしれない。が、それにしたって、30代まで鳴かず飛ばずの社員が一気に逆転するかというとそれは考えにくい。さらに、50代ともなれば、もはやその差はどうにも埋めようのないものとなっているはずだ。だから、これまで会社で可もなく不可もなく、事なかれ主義でやってきた人は、ここでひとつ、しっかりと現実を見極めなければなるまい。

サラリーマンとしての勝負はすでについてしまったのだ。あなたの年齢が、現在40代の後半以降で、まだ頭角を現すことができないでいるなら、今後、にわかに頭角を現すチャンスは、残念ながら、どんなに待っても巡ってくることはないだろう。

このままポストを与えられることなく、35歳から続く「魔の時」を抜け出せずに定年を迎えるか、それとも肩たたきされて外に出されるか……、といった展開こそ50代サラリーマンが現実感を持って視野に収めるべきなのだ。

50代サラリーマンの現実

それでは、「上に行く要員」からはずされた50歳前後の社員は、定年までの10～15年間、会社でどんな役割を担うことになるのか。たいへん残念だが、会社の中にはもはや役割はないと言わざるを得ない。

だが、幸いなことに日本の会社は、アメリカの会社のように、退職金を握らせて役割を終えた中高年をサッサと退社させてしまうような勇気を、まだ持てないでいる。そのおかげで、この先肩たたきされる不安はあるにせよ、とりあえず50代サラリーマンの居場所はいちおう用意されている。

だが、リストラを免れたからといって、胸をなでおろすのはまだ早い。パート職員などを大幅に減らし、残った正社員の仕事が殺人的に増えるケースは少なくない。また、会社が倒産でもしてしまえば、退職金をもらい損ね、肩たたきで外に出た方がましだった、ということにだってなりかねない。つまり、会社に残ったところで「勝ち組」とは言い切れないのだ。

なぜ、こんなことになってしまったのか。上の世代は、そこそこ出世もできたし、果たすべき役割もあったではないか。とこぼしたくなるのも無理もないが、これは致し方がない。何しろ今の60代と50代以下とでは競争環境がまったく違うのだ。今の50代以下は、上の世代が50代だったときに比べると、出世のチャンスは極めて小さく、リストラで肩たたきされる危険性も極めて高い。

そもそも、会社の組織はピラミッド型になっているのだから、上に行くほどポストは少なくなり、必要な人数は絞られてくる。とくに今の50代は第1次ベビーブーマー、いわゆる団塊の世代にあたるため、その限られたポストを争う競争相手の数そのものが、上の世代と比べると圧倒的に多いのだ。

今の60代が入社したころは、採用人数が少なかったから、同期入社組の二人に一人が幹部になれたかもしれない。だが、たとえばかつて僕がいた日立の場合、今の50代は同期入社だけで1000人ぐらいはいる。この中から、ピラミッドの上へと上り詰めるのはほんのひと握りだ。1000人の同期入社組のほとんどが、その途中で削られていく運命にある。

さらに、日本企業全体の年功序列から能力主義へという流れの中で、多くの会社が、若い人を重用する傾向にある。つまり、ただでさえ競争率の高い中高年者のポジション争いに若いヤツらが乱入し、結果、若いヤツにポジションを奪われているというのが現状なのだ。

また、業務のIT化、ハイテク化も、50代から活躍の場を奪う一因である。たとえば、金融業界ではこぞって、ファイナンシャル・エンジニアリングを導入しており、新しい技術による業務のハイテク化が日進月歩で進んでいる。地道に足を使った営業に励んできた50代が、その経験やノウハウを生かしてリーダーシップを発揮する場など、今の会社にはほとんど残されていないのである。

ここでは、今の50代について述べたが、続く40代、30代が50代になるころには、競争環境はさらに厳しくなり、幹部になれる可能性はほとんどなくなるだろう。

繰り返しになるが、こんな激しい競争を勝ち抜きそうな人というものは、若いころからその他大勢とは違う輝きを放ち、そういうレッテルを張られているものだ。そもそも50代前後という年齢は、本当にできるヤツなら、すでに社長となっているべき年齢である。銀行のようなどちらかといえば保守的な業界でさえ、ほとんどの頭取は50代。もちろん、ここのところの業界再編の波を受けて、上の世代が経営責任を取る形で一気に姿を消したというラッキーな経緯があるにせよ、都市銀行のトップが50歳そこそこという事態は、10年前なら考えられなかったことである。銀行業界がこのような事態であれば、他業界は推して知るべしと言えよう。

目の前に突きつけられた、だれの目にも明らかな勝負の結果から、当事者である50代サラリーマンが目をそらしている場合ではない、と僕は思う。

過去の経験だけではやっていけない時代に

デジタル化が引き起こした社会変革

今という時代が、サラリーマンにとっては非常に厳しい時代であることを述べてきた。10年前と違って、波瀾万丈《はらんばんじょう》の世界だから、前任者の言うことを踏襲し、大過なくやってきた、なんていう人は今やトップにはなれない。だが、その反面、これからビジネス社会に入っていこうとする10代、20代の若い人にとっては、活躍のチャンスにあふれた時代であるとも言える。

というのは、生活の隅々までがデジタル化、サイバー化されていく中で、古い秩序や体制が崩壊し、社会全体が新しい社会へと大きく変わろうとしているからだ。

歴史を振り返っても、社会の大変革期には、才能ある若い人がどっと出てきて、リーダーが一気に若返るというパターンが繰り返されている。明治維新もそうだったし、戦後の混乱期もそうだ。あのとき、「鬼畜米英」と刷り込まれて育った大人が茫然自失《ぼうぜんじしつ》している間に、若い人やアンダーグラウンドの人たちが「ああ、いい世の中になった」と出てきて、大活躍したではないか。

日本の経済は、これまで停滞してはブレークアウトするということを20年くらいのサイクルで数回繰り返しており、それに合わせて若いリーダーが登場してきた。

たとえば、社会の変わり目に松下幸之助さんが家電製品でドーンと出てくる。その後の停滞期のあとに、今度は稲盛和夫さんがファインセラミックスで名を馳せる。高度成長期を経て、またちょっと落ちてきたところで、今度はサービス業の分野で江副浩正さんたちが舞台に躍り出てくる。彼らはみな、変革期に現れた若い才能だ。

一方、変革期と変革期の間の時期に必要とされる能力は、これまでやってきたことを応用してスケールを大きくする力とか、同じモノをなるべく速くたくさん生産する力だったから、経験豊富な人ほど有利だった。

こういう時期に力を発揮できるのは、経験のない若い人ではなくて、二度、三度の経験のあるベテランである。だから、たとえば産業界全体がスケール拡大を目指していた高度成長期には、若い人はリーダーになれなかった。

だが、今は違う。変革期に新しいことを始めようとするときにものをいうのは、古い知識や経験にしばられず、それまでのやり方に疑問を投げかけ、思い切って新しいものに懸ける行動力である。こんな時代は、やっぱり若い者勝ち、古い秩序の染色体が入り込んだ人たちの過去の経験では通用しないのだ。

デジタル社会そのものは、決して若い人でないと理解できないものでもついていけないものでもない。だが、デジタル社会が引き起こしたドラスティックな社会変革に即応できるビジネスリーダーとなると、やはり若い才能の出番ということになるだろう。

エスタブリッシュメント会社が抱えるジレンマ

しがらみがなければ速く走れる

インターネット証券のトップを走る松井証券の松井道夫さんに「何でそんなに速く走れるの？」と聞いたことがある。松井さんの答えは「始末するものを持っていないから」だった。

親父さんの代までは、支店やら営業マンやら、いろいろなものを抱えていた。これらを全部取っ払って、インターネット取引の方に振り子を振っちゃったから、今はもう何も始末するものがない。だから速く走れるというのだ。

今のような時代に強いのは、しがらみのない若いトップが、素早い意思決定で、思い切ってバットを振っている会社だ。失敗の確率はもちろん高いが、成功したときの当たりもでかい。だから今のホームランバッターの多くは若い人だ。

旅行業界では、格安旅行券の提供で業界に革命を起こしたＨＩＳの澤田秀雄さんに続き、三木谷浩史さんの楽天が出てきた。三木谷さんは、国内最大のサイバー旅行予約サイト「旅の窓口」の運営会社を買ったかと思ったら、今度は中国最大手の予約サイトの筆頭株主になる、というようなことをどんどん進めていく。

なぜ最大手のJTBがやらないのか？　いや、実はJTBもやってはいる。サイバー的なこと、たとえばインターネット注文などには、とっくに乗り出している。だが、いくらサイバー関連が好調だからといって、傘下にごまんと抱えたエージェントをバイパスすることになるネット取引一本に力を傾けることは、どうしたってできない。

野村證券が松井証券と切れ味が違うように、この問題はしがらみとの戦いなのだ。エスタブリッシュメントであるJTB側の事情を見れば、今でも可能な限りの舵《かじ》を取っていないということなのだ。

JTBに限らず、エスタブリッシュメントの多くは、「バッターボックスにはだれも立っていないよ」というふりをしながら、実は、小物のバッターをあちこちのバッターボックスに立たせている。これは、もしかしたら打てるかもしれない試合には、とりあえず参加しておくという、エスタブリッシュメント特有のリスクヘッジなのだ。こんな理由で立っているバッターだから、大ホームランは打てなくて当然だろう。

その典型例がJRだ。JRは決済機能のある Suica を持っている。全国に拡がるネットワークもある。これは、日本最大の決済銀行になれるほどのたいへんな仕掛けだ。ところが、Suica は駅構内でしか使えない。

なぜ、日本全国をカバーしないのか。駅構内だけでなく、デパートでもスーパーでも使えます、というものにどうしてできないのか。それを行えばJRはデジタル社会のチャンピオンになることが確実であるにもかかわらず、駅構内だけという無難な線に収めてしまう。

道路公団のETCも同じだ。なぜ、用途を高速料金の徴収に限定するのか。全国の駐車場で駐車料金の支払いに使えるようにすることくらい簡単なはずなのに、彼らはやらない。

こんなことは、社歴5年くらいの、Google とか Yahoo とかイーベイのような会社だったら、とっととやっているに違いない。

「だけど……」と言い始める

エスタブリッシュメントというものは、古い秩序で動く古い染色体に染まっているため、思い切って新しいものに懸けることができない。何か新しいことを手がければ必ず「前のやり方も大事だ」とか「なかなかこちらも捨て難い」というバランス感覚が働くのが常だ。

また、たとえば、これまで1000人でやっていた仕事を、ネットを使えば若手10人でできることがわかっても、「いらなくなった社員をどうするんだ」という議論が出てくる。そいつらを食わせていかなくちゃならないし、と、考え始めるともうその話は前に進まない。

結果、AもBもCもと事業をアンドでつないでいるうちに、事業分野が拡がって、総合会社化してしまうことが多い。

これに対して、ここ20年間くらいの間で急速に伸びた会社は、ほとんどが一つの事業に特化した専門会社だ。

アメリカで言えば、デルコンピュータは注文生産のパソコン、マイクロソフトは

OS、オラクルはデータベースソフト、サン・マイクロシステムズはサーバー。日本でも前述のHISは、ディスカウントチケット一本に絞ってきた、楽天や松井証券はサイバー市場だけを狙い、深度は深めても手は拡げない。

そんな中でユニークな存在なのが、フィンランドの会社、ノキアだ。同社は、創業100年を超える歴史を持つ企業だが、つい10年前までは、家電製品、通信機器から、長靴やレインコート、トイレットペーパーホルダーまでありとあらゆることを手がける総合会社だった。

だが、フィンランド経済の落ち込みとともに、倒産の危機に瀕したときに、42歳のヨルマ・オリラ氏がCEO（最高経営責任者）となり、将来性のある携帯電話事業だけを残して、それ以外を全部売却してしまった。彼はそのときに、「今に世界中の人が携帯電話を持つ時代が必ず来る、ノキアはそこで世界のトップに立つ」と言ったわけだが、本当にその5年後に、世界最大の携帯電話メーカーになったのである。

これは、しがらみいっぱいの大企業が、潔く一事業に絞ったことで成功した極めてまれな例である。普通は、だれかが提案したとしても「But」「However」「on the other hand」と言い出すヤツが必ず出てきて、暗礁に乗り上げるというのがオチだ。

狭く深くがキーワード

この「But」「However」「on the other hand」という後ろ向きな言葉を、絶対に吐きそうもない企業の代表格と言えば、かつてはソニーだった。つべこべ言わず、新しいことを先頭切って進めていくのが、ソニーのソニーたるゆえんだったのだ。

ところが、アップルコンピュータのデジタル携帯音楽プレーヤー「iPod」が大ヒットする中で、かつて「ウォークマン」で携帯音楽プレーヤー市場を開拓したソニーが、後から追いかける側に立たされている。

現在「iPod」は、携帯音楽プレーヤー市場の中でほとんど独走状態である。アップルは、音楽を1曲99セントでネット配信する音楽配信サービス「iTunes ミュージックストア」も始めたが、こちらもサービス開始後1年で、アメリカのネット配信市場の7割に達する勢いだ。

携帯音楽プレーヤーといえば、ソニーが先駆者。さらにソニーは、「ハード」だけでなく、曲を提供するレコード会社という「ソフト」も、グループ内部に持っている。本来なら、今アップルがやっているようなことは、まっ先にソニーが手がけるべき領域だったのだ。ソニーも最近になってから、「あれは、本当はうちがやるべきだった」と必死で巻き返そうとしているが、インパクトのなさは否めない。

先駆者だったソニーが先陣を切れなかった大きな理由は、ハードとソフトの両方を手がける総合会社だからだ。10年くらい前なら、機器とコンテンツの両方を持っていることは強みだったが、時代が変わり、今回はそれが徒《あだ》になった。

要は、ソフト会社を抱えているがゆえに、CDの販売額減少を招く事業に本腰を入れられなかったのだ。あのソニーが、「簡単に音楽をダウンロードされてはたまらない」と守旧派に回ってしまい、結局出遅れてしまった。

99セントでダウンロードされたら困る、うちは、CDをパッケージとして7ドルで売りたいんだから。こんなふうに「But」「However」「on the other hand」を言い始めたら、もうそれはソニーじゃないぜ、と僕なんかは思ってしまうのだ。

総合会社になりすべての手段を内部に持ってしまうと、自分たちで何でもできるという思い上がりが出てくるし、既存事業との食い合いを恐れたり、内部調整に手間どったりして、どうしても切れ味が悪くなる。その点、しがらみのないアップルは鮮やかだった。もちろん「iPod」のような軽薄短小型ハードは日本勢の得意とするもの。このあとの長期的戦いはまた別なものとなる可能性も大である。

アップルの創業者で現CEOのスティーブン・ジョブズ氏は1955年生まれ。ここで名前をあげてきたような新進企業の社長たちよりひとつ上の世代に属する。普通なら、守りに入ってしまいがちな年齢だが、マイクロソフトやデルにこてんぱんにやられたあとだけに、もはや失うものが何もなく、かえって思い切りのいい動きができた。

彼は、ミック・ジャガーなどの大物アーティストやレコード会社を訪ね、「自分のところでダウンロードさせてくれ」と、説得して歩いたという。ソニーなら、通達一本ですませるところだが、彼は自分で説得した。こういうことの蓄積が、案外結果を大きく左右したりするものだ。今ではアーティストの方から、どうぞ「iPod」で落としてください、と言ってくるほどになった。

世の中は変わったのである。失うものをもたず、しがらみにとらわれず、狭く深くやった者が勝つ。これがデジタル社会のルールだ。インターネット上のサイトを見ても、初期には人気を集めていた「うちは何でも売っています」というデパート・ドットコムみたいなサイトはどこも成功していない。それよりも結婚情報なら、wedding 411、チーズなら、オーダーチーズ・ドットコム、健康関連ならケンコーコムというぐあいに、非常に狭いテーマパークがあちこちにできて賑わっている。

「そんな寂しい場所で、人知れずテーマパークなんかやっていて人が来るの？」と、思うかもしれないが、これがいくらでも来る。デジタル社会には、Google をはじめとする検索エンジンというすごい道案内人がいるから、一人寂しくやっているテーマパークにも、世界中から人がやって来ることだってあるのだ。

デジタル社会は、「総合」とは対極にある狭く深い世界である。そして、ここでは、失うもののない人間が、思い切りよく自分の世界を極めていく。これが必勝パターンなのである。

すばらしい創業者でも高齢になると大変革は難しい

価格と価値の違い

会社のトップの若返りは進んではいるものの、まだまだ日本の会社には、60代、70代の経営者が多い。だが、経営者としての「旬」は前述したように30代。高齢のトップが、大改革に打って出たけれどもうまくいかず、失意のうちに会社を去るといったケースは少なくない。

たとえば、日本マクドナルドの創業者藤田田さん。藤田さんは、日本にハンバーガーを食べるという食文化を根づかせ、マクドナルドを日本一のファストフードにした尊敬すべき経営者だが、70代で手がけた改革の戦略ミスで、表舞台を寂しく去らざるを得なくなってしまった。

70代も半ばになった藤田さんが打って出たのは、デフレが進む中でスタートさせた「平日半額セール」である。「デフレがさらに進行するぞ」と見て、1個130

円のハンバーガーを65円に値下げしたところ、低価格の威力はすさまじく、客が大挙して店に押しかけた。

だが、無理な安売りをすればだんだん経営に響いてくる。で、苦しくなったところで、今度は「デフレ終結宣言」をして、半額セールを打ち切ってしまった。

ところが、デフレはまだ終結しておらず、値上げしたとたんに売上げが低迷。

それで、あわてて再度59円にまで下げたが、一度離れた客は戻って来なかった。

その後は、値下げ対象商品をめまぐるしく入れ替えたり、値下げ幅をいじったりすることで新味を出そうとしたが、業績の低落に歯止めをかけることはできなかった。

僕は彼とはすごく仲が良かったので、「そこまで値段をいじるのはマズイのでは」と言ったことがあるのだけれど、結局は、それが原因で客が離れてしまった。藤田さんは、価格というものをちょっと軽く見すぎていたと思う。

やはり一度半額になると、消費者の心理として「何だ、マクドナルドのハンバーガーは非常にリーズナブルでいいと思っていたけど、50円ちょっとの価値しかないのか」ということになる。ここで、価格と価値が混同されてしまうわけだ。

つまり、藤田さんは、デフレという現状に遭遇し、そこで大幅値下げという革命を起こした。だが、結果的には客がマクドナルドに感じていた「価値」を低めることになってしまい、その後の売上げの低迷を招くに至った。業績のダウンが本社とのいろいろなあつれきにつながり、牛海綿状脳症（ＢＳＥ）の逆風も響いて、ついには退かざるを得なくなったということなのだ。

藤田さんは、社長を退いて会長となり、翌年にはその会長職も退いて、２００４年4月に78歳で亡くなった。僕はすごく驚いたのだけれど、30年かけてあそこまでの会社をつくりあげた人物に対して、社葬ひとつない。マクドナルドよ、それはないだろうと、たいへんな憤りを感じた。それほど藤田さんが会社と揉《も》めてしまっていたということなのだろうが、アメリカのマクドナルド社は、葬式ぐらい社葬として行い、日本一のファストフードを育て上げた功績を讃え、感謝を表すべきだったのではないか。それが人間的な対応というものではないかと僕は思ったものだ。

経営者には寿命がある

そもそも経営者には、「寿命」というものがあると僕は考えている。それは「時代」「年代」「世代」によって形成された世の中の価値観と密接に関わっているのである。

藤田さんは、1971年にマクドナルド1号店を東京・銀座に出し、その後ものすごい勢いで全国へと展開していった。あのころの藤田さんは、間違いなくすべての面ですばらしい経営者だった。

だが、藤田さんが70代になるころには、「時代」も「年代」も「世代」も変わってしまった。ファストフードが多様化する中で、藤田さんの経営戦略が通用しない場面も増えてきたのである。そこで、藤田さんはミスをおかした。

確かに藤田さんの70代の大改革は、失敗に終わったかもしれない。でも、そのことを指して、経営者としての藤田さんを全面的に否定するのは大間違いだ。最後に戦略ミスがあったにせよ、あれだけの会社をつくった業績に対して、僕たちはきちんと敬意を払うべきだし、そこから学ぶことは大いにある。

それに、僕は個人的には、70歳を超えてからも改革に挑んだ藤田さんを非常に立派だと思っている。

若い世代の出番を

とは言え、日本の会社には、高齢のトップがいつまでも後進に道を譲らず、その後いつまでも若い人のやることに口をはさんでいるケースがたくさんあり、それが経営上の問題となっている点は否めない。残念ながら、日本の会社ではごく普通に行われていることなのだ。

藤田さんの例をあげるまでもなく、個性の強い創業社長の引き際は難しい。信頼できる後継者が育っていなければ、それこそ、60代になっても70代になってもバトンタッチできず、そうこうしているうちに改革に失敗したり、ワンマン社長への不満が内部から噴出してきたりして、辞任に追い込まれる、ということにもなりかねない。

そういう意味では、ワールドの創業社長だった畑崎広敏さんの引き際は鮮やかだった。ワールドの顔だった畑崎さんが突然社長から退いたのは97年、60歳のときである。当時48歳だった寺井秀蔵さんに社長を譲り、自分は一切の役職から退いた。

寺井さんというのは、問屋がだんだん力を失っていく時代を見抜いて、製造から小売りまでを直結するＳＰＡ（製造小売業）事業の立ち上げを若いときから社内で提案し、石にかじりついてもやり抜き、成功させた人だ。

アパレル大手が苦戦する中で、寺井さんが次々に立ち上げたSPAブランドは順調に伸び、ワールドの成長力の支えとなった。

予定していた子息ではなく、自分より10歳以上若い寺井さんを後任に選んだ畑崎さんの冷静な判断力というのはすごい。そして自分が選んで任せたからには口を出さないという姿勢も潔い。最後にそういう判断ができるかどうか、というのは経営者にとって非常に大事なことだと思う。

前にも述べたように、変革期である今は、若いビジネスリーダーが登場しやすく、力を発揮しやすい時期である。この時期に破壊力のある若い才能に出番を与えてやれるかどうか、幹部の若返りを図れるかどうかは、これからの企業の盛衰に関わる大きなポイントなのだ。

選挙の投票率はいつも年齢にリンクしている

貧乏な若者、豊かな高齢者

これまで、経営者の例をあげながら各世代の特性について述べてきた。その世代だからこそできること、すべきことがあることに気づいてもらえたかと思う。そこで、ここからは経済的な面から世代をとらえてみたい。

今、日本では世代間の経済的な格差が、急速に拡大してきている。資産を持った高齢者が、さらに貯め込む一方で、若い人は貯蓄を食いつぶしながら、高齢者への「ミツグ君」になっているというのが現状だ（図1）。

今の60代の平均的な貯蓄額は、2500万円である。彼らはそれを使わずに貯めたまま年金をもらい、さらに年金の30％くらいを貯蓄に回している。この計算でいくと、70代で墓場に入るときの平均貯蓄額は3500万円にものぼってしまう。

リッチな高齢者が受給する年金の財源を支えているのは、貧乏な若い世代だ。近

図1 世帯主年齢階級別の貯蓄・負債現在高（2000年）

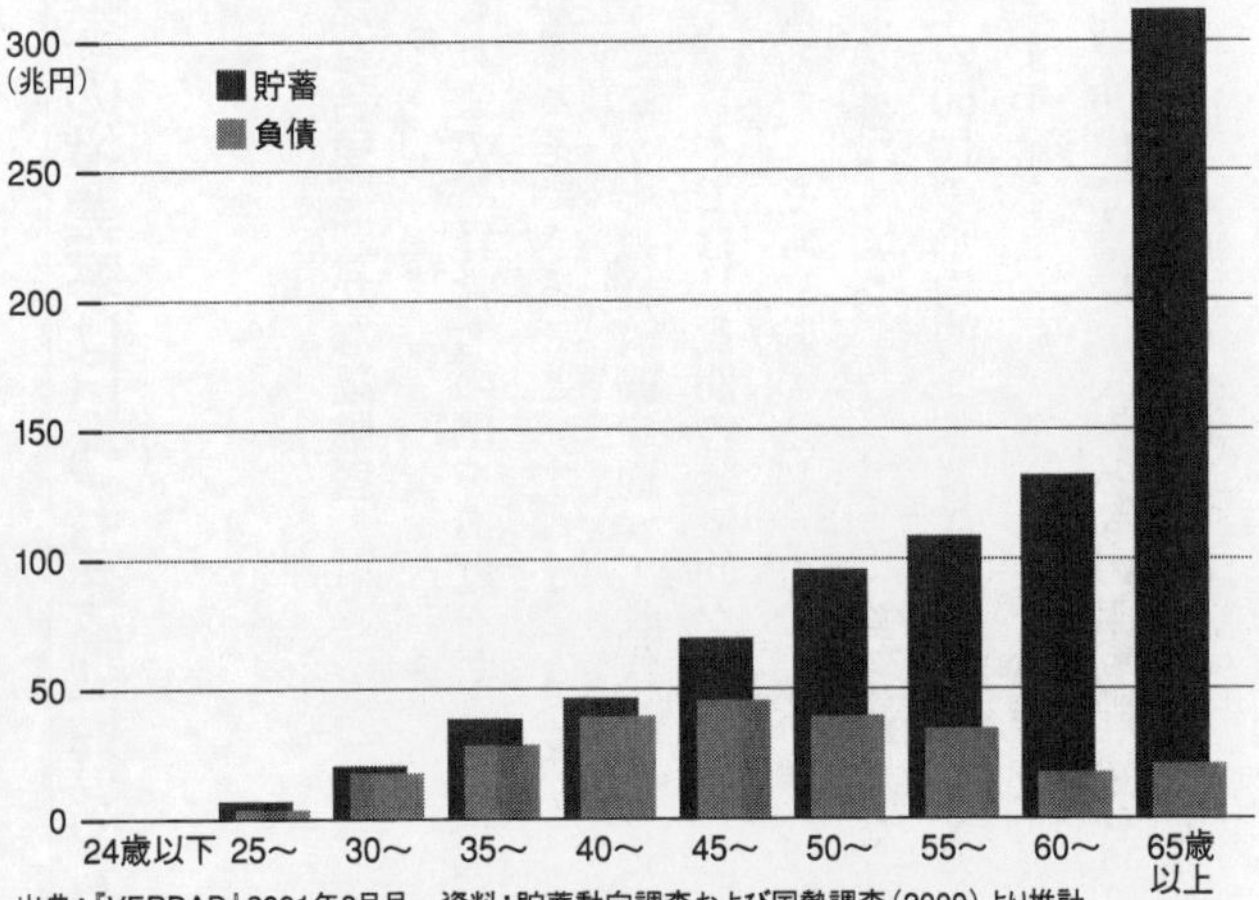

出典：『VERDAD』2001年8月号　資料：貯蓄動向調査および国勢調査（2000）より推計

ごろ、貯蓄率が低下しているが、これは、30代、40代の中に、生活が苦しくて貯金を食いつぶしている人が非常に増えているから。つまり、貧乏な若い世代が豊かな高齢者にせっせと貢いでいるのが、今という時代の構造なのだ。

「景気が悪い」と言われて久しいが、高齢者が貯めたお金をもっと使うように仕向ければ、景気なんかバリバリに回復しちまうぜ、と僕は思っている。年金制度をいじるなら、このあたりの世代間の格差をもっと考慮すべきなのだ。

今回の年金制度改革では、高齢

者に若干厳しいものが導入されたとはいえ、若い人は保険料率は引き上げられるわ、将来受け取る金額は少なくなるわで、大幅なマイナス。これでは世代間の格差は拡がるばかりだろう。

こんなにも不公平な社会をつくってしまった責任は政治にある。では、なぜ、若い世代ばかりが虐げられるのか？　その理由は実に明快である。政治家ががんばって若い人が喜ぶような政策を遂行しても、選挙ではちっとも有利にならないからだ。

投票率というものは、だいたい年齢とリンクしている。65歳の人のうち65％が投票に行くが、25歳の人は25％しか投票しない。

クレバーな政治家なら、当然65歳に照準を合わせ、65歳が喜ぶ政策を出すだろう。そうすれば選挙に勝てる。25歳に喜ばれたって、75％は投票所にも来ないんだもん、そんなヤツらのためにやってられるか、ってなものだろう。

だから、若い人たちが貧乏で先行きも暗いのは、本人たちの責任でもあるのだ。

勝ち逃げ50代と割り食う40代の間には深い溝がある

かつかつでも暮らせる

若い世代が不利益をおとなしく被ってくれているおかげで、高齢者の今後は安泰だ。世代的に見れば、今50歳前後で、２０２０年ごろまでに定年退職する人たちはセーフティーゾーンに逃げ込める計算だ。

もちろん、厚生年金の保険料率は現行の13・58%から18・3%まで少しずつ上がっていくし、国民年金の保険料も月１万３３００円のところが１万６９００円までアップするから、出てゆくお金は増える。だが、今50歳の人であれば、あと15年支払えば20年はもらう側に回れるのである。

もらえるお金について言うと、定年退職後は、政府の言い分によれば、現役世代の年収の約50%が年金として入ってくる。企業年金などによる加算分を無視したとしても、平均して月25万円は受給できる。

現行59％が50％になるのだから、大幅削減ではある。が、25万円というのはぜいたくをしなければやっていける額だと僕は思う。今の年金受給者のように、年金の3割を貯蓄に回すことは無理かもしれないが、貯蓄なんかせず年金でカツカツの暮らしでいいじゃないか、と思えればこの受給額で十分。いざとなればフィリピンで老後を、と考えれば、住み込みの介護者を雇ってもおつりがくる。

今50代の人が、将来食い詰めるということは構造的にありえない。50代は、滑り込みでセーフできた超ラッキーな勝ち逃げ世代と言っていいだろう。

70歳までローンの支払いが続く

だが、この計算には前提がある。それは、定年までに住宅ローンを払い終わっていることだ。今50代の人は、約20年前35歳ぐらいで家を買っているケースが多い。この時期ならバブル前だから物件の価格自体も安いし、35年ローンもまだなかった。世間並みに家を買っていればまず完済していると考えていいだろう。

問題は40代なのだ。この世代は、日本がバブル経済に沸いていた35歳のころ、6000万円の家を買い、現在35年ローンで返済中というのが平均像だ。となると、

70歳まで返済が残ってしまう。

そもそも35年ローンが登場したのは、80年代の終わり。新築マンションの価格が4000万から5000万になり、さらに6000万円になってしまい、普通のサラリーマンには手の出せない価格になってしまったころのことだ。

当時政府は、住宅需要を喚起し、できるだけ高値で国民に家を買わせることで、景気回復を図ろうとしていたから、国民が買えるような仕組みをつくることが必要だった。そこで返済期間を35年まで延ばし、融資限度額を増やして、ほーら、これなら、あなたにも買えますよ、ということを、金融機関といっしょになってやったわけだ。

その後80年代を通して上昇し続けていた地価が、90年代に入ってちょっと下がってきた。バブルが崩壊し、今後、地価が下がり続けることは、少なくとも93、94年の段階で政府はわかっていたはずだ。それなのに、土地を流動させたい政府は、業界や金融機関と組んで、「価格が下がり、金利も下がった今がチャンス」と持ち家購入の後押しをした。

さらに、罪深いことに、93年、住宅金融公庫はステップローンという、詐欺みたいなローン商品を出す。これは、最初の5年間は返済額が少ないけれども、6年目からドーンと返済額が上がるというもの。目先の返済額が下がるから、多くの人は返済がラクであるかのように錯覚した。

セールスするときの決まり文句はこうだ。「将来昇給するからだいじょうぶですよ」。定期昇給は4％ぐらいあるかな、オレだってせめて課長ぐらいにはなっているだろう、という前提で計算すれば、「買える」のだ。

この給料が右肩上がりの時代の幻想を利用したたちの悪いローンを組んで、多くの人が通勤時間1時間半もかかるニュータウンに、6000万円の家またはマンションを買った。

ところが、その前提がくずれてしまった。昇進は頭打ち、定期昇給もほとんどない。当然のことながら、無理をしてローンを組んだ人の中の少なからぬ人がローン破産をした。今の40代には、政府と金融機関にだまされて、自分の返済能力を超える物件を高値で買わされ苦しんでいる人がごまんといるのだ。

20年後には水がめの水がなくなる

それでも、購入後しばらくは、1時間半の通勤時間をものともせず「いいところに家を買った」とマイホームを手に入れた喜びにひたっていられただろう。だが、地価がじわじわと下がり続け、ちょっと周りを見回せば、通勤時間が40分で、4000万円台のいいマンションがいっぱい出てきている。よし、買い換えよう、と自宅を売りに出したら、なんと6000万円で買ったマンションは2800万円でしか売れない。これでは、マンションを手放しても、残るのは借金だけではないか。

こんな地獄にいる40代に追い打ちをかけたのが、今回の年金制度改革だ。50代に勝ち逃げを許した分、若い世代は相当割りを食っている。

保険料の負担は増える。退職後受け取れる年金は減る。住宅ローンも70歳まで残っている。正直言って、僕はこんな40代にはかける言葉を失ってしまう。だが、どうも当の本人が、年金制度改革の最大の被害者が自分たちであることに気づいていないようなのだ。

実は、ほかにも不安要因はまだまだある。国の借金はおそらく増税という形で国民にはね返ってくるのだが、消費税や所得税が上がってダメージを受けるのも、この世代だ。

ＪＲの32兆円とか日本道路公団の40兆円という借金が全部先送りされていることも問題である。このツケが回ってくるのも、30代から40代の人だろう。

今の40代が65歳で定年退職するころには、国の水がめには水が一切ないという状況になる。この世代の人たちは、このままでいくと、上の世代とはまったく違う人生設計、生活設計が自分たちには必要になることをこころしておくべきだ。

不動産を買えなかった幸せ

さて、30代であるが、この人たちは割りを食った第2世代で、数字的にはものすごく厳しい。給料は伸び悩む。年金をはじめ健康保険、生命保険などの掛け率は軒並み上がり、負担が増える。消費税、所得税が上がる。年金の給付開始年齢はさらに引き上げられ、もらえる金額は大幅に削られる。入ってくるものは減り、出ていくものは増える。どう考えても割りを食っている度合いは40代以上だ。

だが、ラッキーなことに30代の人は、バブル期にはまだ家を買えなかったはずだ。

つまり、今もまだ家を買えないでいるか、すでに買っていたとしてもバブル崩壊後に安く、低金利で手に入れている。

40代だと、バブルのときに、固定金利なら7%ぐらいで6000万円のローンを組んでしまいその負担にあえいでいるケースが多いが、30代は、物件の金額が3000万円から4000万円で、ローンの金利が2～3%という人が平均的だ。

つまり、30代は、幸運にも遅れてきたために、多額の負債をしょい込まずにすんだのである。不動産を買わなかった30代は、さらにラッキーである。そして、だれよりも不幸な世代が、家を高値で買ったために、多額の不良債権を抱え込むことになってしまった40代なのだ。

「平成維新」は40代のための改革を目指していた

若い世代に届かなかった

僕は、元号が昭和から平成に変わるころから、ひたすら「平成維新」を唱え続けてきた。『平成維新』（講談社）という本も書いたし、「平成維新の会」という市民団体を立ち上げて市民運動も行った。

1995年には、「平成維新」を自ら断行しようと都知事選に立候補して惨敗。その直後に行われた参議院選挙に、比例代表の「平成維新の会」名簿第1位として、他の9人の候補とともに立候補したが、ひとつも議席を取れずにこれも敗れた。

このことで、僕は「今まで自分がやってきたことはいったい何だったのか」というアイデンティティ・クライシスに陥ってしまうほどのショックを受けた。この僕の挫折体験については、次章で別項を立てじっくり振り返るとして、ここでひとつ強調しておきたいことがある。それは、「平成維新」を唱える僕の視線は、常に当時の30代、つまりは、今の40代の方を向いていたのだよ、ということだ。「平成維新」は、今、最も割りを食っている世代である40代を、早期に救済するための改革だったのだ。

僕はあの選挙で、若い世代に対して、このままでいくと日本の未来は暗いから、革命を起こそう、一度オールクリアして、若い人の納得できるいい国をゼロベースからつくろう、と呼びかけた。

「平成維新の会」の名簿の10位までに30代の候補者を4人並べ、あなたがたの将来がこの選挙にかかっている、あなたがたが定年退職するころには、年金制度も崩壊している、取りすぎている世代から若い世代への富の移転が必要だ、と訴えた。

富める高齢者に若い人が貢ぐ、ゆがんだ構図をあからさまにすることで、若い人が怒りを持って一票を投じてくれれば、との思いだった。

ところが、反応はゼロ。笑っちゃうほどの手応えのなさで、訴えても、煽っても、鼓舞しても、だあれも乗ってこなかった。僕が真剣にその将来を憂え、まっすぐにメッセージを送り続けた30代は、あろうことか、投票所にさえ来てくれなかったのだ。投票日は、夏休み最初の晴れた日曜日。きっとみんなでどこかに遊びに行っていたのだろう。

既得権者である年寄りは数が多い上にみんな投票所に行くから、圧倒的マジョリティである。既得権者は、今の制度を壊し、将来的には自分たちの持ち分が若い人の方に流れる政策なんて支持するわけがない。で、結果的に10年たった今、彼らは安全地帯でぬくぬくしている。

だから今になってから、「オレたち40代は割り食うじゃないですか」「お先まっ暗じゃないですか」「いったいどうしたらいいんですか」と言われたって、そんなもん知るか、という気分なのだ。

だって、僕の本にはみんな書いてあるのだよ。年金をもらっている金持ち世代から富を少し奪え、世代間闘争を起こそうぜ、と訴えてきたのだよ。今さら「どうしたらいいんですか」はないだろう。正直に言わせてもらえば、「地獄に落ちろよ」ぐらいしか、40代の人たちに贈る言葉はないのである。

というよりむしろ僕は今の40代に聞きたいね。人が命がけで、「平成維新を起こそう」「いい国つくろう」と戦っているときに、あんたらどこにいたんだよ。僕みたいに自分は安全圏に入っていて、年まで取っている50代（当時）の人間が、あんたらのために革命を起こそうとしていたのに、いっしょに立ち上がりもせず、いったい何やってたんだよ。日本の革命のチャンスを、あんたらが失わせたんだぞ、と。

銀行の債務援助より優先する

バブル期に高値で家をつかんでしまった人たちの救済について、政策として何か手を打てないか、ということは都知事選に立ったときから考えていた。

政府は、政治的配慮ということで、銀行に公的資金を入れて助け、土地転がしをやっていたゼネコンの債務をチャラにしたりしている。それなのに、政府や金融機関に誘導されて高値で家を買い、その結果、不良債権を抱えてしまった個人については知らん顔だ。

これはあんまりではないか。銀行の債務援助をするくらいなら、この人たちの債権を放棄してやれ、この人たちの問題を解決しないと、日本は元気にならないぞ、と思ったのだ。

都知事選のときに僕は、個人が土地の値下がりで損した場合、損した分を所得税から控除できる制度をつくろうと提案した。たとえば6000万円で買った家が2

800万円になってしまったら、損した3200万円を評価損として計上し、所得税からこの評価損の分を控除するのである。

これによって、10年間くらい所得税を払わなくてよいことになれば、浮いたお金をローン返済に回すこともできるし、買い換え資金の一部にすることもできるではないか。

と、まあ、僕は若い人たちを救うために、こんなことまで提案してきたのだ。それなのに、今になって「えっ？　あのときの大前さんの意見、全然聞いていませんでした」というヤツがものすごく多い。自分たち自身のことなのに、そりゃ不勉強すぎやしないか。

どうせ、そういうヤツは『プレイボーイ』とか『フライデー』とか『週刊ポスト』を立ち読みするくらいで、僕が温め研ぎ澄ました政策を発表した『文藝春秋』は手にとってみることもしなかったんだろう。そんなヤツらのことなんか知るもんか、いいか、こっちは命懸けで戦ったんだぞ、と僕は言いたい。（実は今でもまだあきらめずに『週刊ポスト』や『SAPIO』『夕刊フジ』などに連載して、改革は叫んではいるんです。ハイ）

革命の起こせない「少年ジャンプ世代」

今の50代以上の世代は、戦後の焼け野原の中から育ってきているので、失うことを恐れず、できないことはないという勢いがある。それよりも一つ上の、戦中派世代は、戦争の苦しみも貧しさも経験しているから、忍耐力があり、常に物事を前向きに考えられるのが特徴だ。

それでは、30代、40代はどうか。僕はこの世代を「少年ジャンプ世代」と呼んでいる。『少年ジャンプ』で描かれる世界とは、努力、友情、勝利だが、これを読んで育った彼らは、努力、友情、勝利にごく自然に価値を置くような感性を持っている。これはまあ自然のなりゆきなのでよしとしよう。だが問題はその中身だ。

たとえば彼らの求める〝勝利〟、これが実にセコイ。「合コンで知り合ったかわいい娘と結婚した、ラッキー」というような、スケールの小さな勝利なのだ。そして、「かわいい嫁さんとハワイに行った、ラッキー」とこれまた小さな幸せを見つけて喜び満足する。

フリーターの率が上の世代と比べてぐんと高くなるのもこの世代の特徴だ。マクドナルドでアルバイトすれば月15万円くらいの収入になる。これなら、セブン-イレブンのお総菜を買っていれば何とか生きていけるじゃん、ラッキー、これでいいや、とこの調子で何年も過ごしてしまうのだ。要するに目線が低いのだ。

さらに言えば、「少年ジャンプ世代」は、怒りをぶつけることを知らない。道路が混んでいたら、交通行政の無策に憤るのではなく、ちゃっかり抜け道マップを買ってくる。駐車違反で切符を切られたら、「駐車違反をしなくてすむ街をつくれ」と言わずに、駐車違反しても見つからない穴場を一生懸命探し出す。

そんな彼らに対して、おいおい、そんなことしてる場合じゃないぜ、と、訴え続けたのが僕の選挙戦だった。国の多額の借金のツケが君たちに回ってくるんだよ、君たちが退職するまでには、年金制度は崩壊してしまうよ、君たちの稼ぎが、金持ち高齢者に回っているんだよ、本当にそれでいいのかよ、いっしょに革命を起こそうぜ、と鼓舞してきたのだ。だが、残念ながらご唱和いただけなかった。

「少年ジャンプ世代」をつかまえて、いきなり「革命を起こそうぜ」とは、なんと無謀であったことよ、との反省は僕にもある。だけど、じゃあ、アプローチ方法を変えて再び選挙に立つ気があるか？　というとこれがまったくないのだ。もう、選挙はいいや、と思っている。僕の中で選挙については完全にゲームオーバーしちゃった。だから、二度と出ることはないだろう。

といっても、日本を良くしたい、という思いを失ったわけではない。日本をこんなふうにしたい、という気持ちから『平成維新』や『新・国富論』(講談社)を書いたころと、同じくらいの強い気持ちを持っているつもりだ。僕はあきらめたわけではないのだ。

つまり、これからやりたいことはあるし、目標もまだ失っていないのだけれど、そこに行くためのルートとしての政治はもうやらない、ということなのだ。

権力を持てるポジションにつき、権力によって何かをやろうとするのではなく、縁の下の力持ちとして、いい国をつくることにかかわっていきたい、というのが選挙敗戦以来の僕のスタンスである。

いろいろな世代に向けて本を書き僕の考えを伝えていくのもその一つだし、新しい考え方やシステムを提案していくこともそう、以前から続けている人材育成のための学校も同じ。これが、いい国をつくっていくことへの、僕なりの関わり方なのだ。

こういう活動からは逃げることなく、活発にやっていきたいと思うし、これからも続けるつもりだ。ただ、『平成維新』を書いてから16年が過ぎ、日本丸はその間にずいぶん沈んでしまった。沈没のスピードが当初の予想よりもずっと速くて、どうにもならなくなってきているのもまた事実だ。

それでも、僕は目標だけは見失っていない。沈み切る前に潜在的な力を結集して、再び浮上するにはどうしたらいいのか、ここは知恵の絞りどころだろう。成功するか否かのカギを握るのは、都市に住む若い人である。というのは、この層は今まで述べてきたように、最も虐げられた世代である上に、今まさに金がかかる時期にあるからだ。

都市に住む若い人たちが、もっとイデオロギー的に目覚め、虐げられた怒りを政治の方に向けるようになったときに、日本丸は再浮上し始める、と僕は踏んでいる。これこそが、僕が以前目指し、そして、失敗したことなのだけれど。政治も、この層の人々を幸せにしようとすれば本当に見違えるようにこの国は良くなるのだ。

日本は10年前にきっちりリセットしておくべきだった

中途半端な引き算

日本という国にとっても、企業にとっても、個人にとっても、今ほどリセットボタンを押してオールクリアしてしまうことが求められている時代はないと僕は思っている。

松井証券や楽天など失うものがない会社の強さについては前述してきた。では、今の時代に失うものを持っているとなぜダメなのか。総合電機メーカーが新興のパソコンメーカーにやられちゃうのはどうしてか。これは、失うものがあると、しかるべき時期に潔くリセットすることができないからだ。

たとえば、コダックはフィルムメーカーとしては世界を席巻してきた企業の一つだが、デジタルカメラの浸透に伴い苦戦している。フィルムを中心としたビジネスが縮小していくことは、とっくの昔に予測できていたはずだから、潔くあきらめて、デジタル技術に経営資源をつぎ込み、デジタルカメラで成功するように持っていかなければいけなかったのだ。

ところが、手持ちの立派な資産を失いたくない気持ちがこれを妨げた。やっぱりラボを生かしたいとか、フィルムの可能性に賭けたいとか言って、リセットすべきときにリセットできなかったのである。その間にソニーだのキヤノンだのがデジカメ市場にどんどん入って来る。失うものを持たずに参入してきた企業ほど勢いがあって強いのは当然だ。

近年コダックは、デジタルカメラに力を入れており、日本市場への再参入も果たすようだが、強力なライバルがひしめくデジカメ市場での戦は厳しいものになるだろう。

だから、これは企業にしても個人にしても言えることなのだが、リセットするときは、失うものの価値をカウントしてもったいながったりせず、ストンとゼロにしなくてはダメなのである。

自分の持っているものが55ある。そのうち50はこのまま持っていれば今後生かせるかもしれない。それでも、あえて一度切り捨ててゼロにする、これがリセットである。使い道があるかもしれないから50からスタートします、というのは、引き算であってリセットではない。

こんなに変化の激しい時代を、中途半端な引き算で渡っていこうとしたら、捨てられないものばかりが増えてしまい、結局は身動きがとれなくなる。とっとと走れる状態でいることが、会社にも個人にも必要だ。

100年の間に2回のオールクリア

このままでいくと日本の未来は暗い。小手先の改革ではなく、すべてをオールクリアしてやり直そうよ、というのが、ここ二十年来の僕の主張である。

元来、日本というのは、ものすごく巧みにリセットをして発展してきた国だ。徳川幕府が270年続いた後、リセットして「明治維新」。やれ文明開化だ、それ富国強兵だ、と日本はパッパと進んで行く。武士はちょんまげを切って、刀をやめ、女の人はドレスを着て、鹿鳴館で西洋ダンスを踊った。

昨日まで盲目的に信じていたものが、ガラッと別のものに変わるという大転換にもかかわらず、国民は後ろを振り返ることなく、サッサと新しい現実に順応していったのだ。

終戦も同じで、「鬼畜米英」と言っていたところが、原爆を落とされて「無条件降伏」という完璧なリセットを強いられた。そうしたらケロッとそれを受け入れて、今度はあっという間に、産業立国として加工貿易国になるといった具合に、スッスッと先に進んでしまう。新しい時代が来たとなれば、新しいものを貪欲《どんよく》に吸収していく日本は、転換期にゼロから飛躍的に伸びることで発展して来たのだ。

今、封建社会から抜け出せない国が世界中にいくつあるか。たとえば長い間、皇帝の座についていたハイレ・セラシェがクーデターで政権を追われた後、旧システムから新システムへの移行がうまくいかなかったエチオピアでは、どれだけ長く国民が貧困に苦しんだか。

と、考えると、日本の変わり身の早さというか順応力は驚異的であることに気づく。世界史的に見ても、わずか100年の間にこれほどの大転換を2回も経験した国はないし、こんなにもうまくリセットした国はないのである。

切れ味の悪さが衰退を呼ぶ

ところが、これまで巧みにリセットしてきた日本が、ここへきて行き詰まりを見せている。僕に言わせれば、オールクリア・ボタンを押すべきときに、押さないからこういうことになってしまったのだ。現在の経済の膠着《こうちゃく》状態からして、遅くとも10年前にはリセットしておくべきだったと僕は思う。

２００５年には、日本の平均年齢が50歳に達する。こんな老人ばっかりの国に、さあ、今から元気を出そうぜ、と言ったってそりゃ無理というものだ。だが、もしも、10年前の段階で、つぶれる銀行、つぶれる会社を、全部つぶしてあったとしたら、どうだろう？　今ごろ日本なんてピカピカだ。

銀行がつぶれたら金融危機が起こるから銀行はつぶさない、という考え方に対して、僕は10年以上前から「銀行をつぶせ」と言い続けてきた。あの時点で、つぶれるべき銀行をつぶしてしまえば、自力更生できる銀行は持ち直していただろうし、多額の公的資金投入も避けられただろう。

あのとき、武村正義大蔵大臣は、当初「だいじょうぶです。不良債権は13兆円しかありません」「17兆しかありません」と、言っていた。それがいつの間にか32兆になり、100兆になった。金融庁は、04年4月になって不良債権処理が一段落したようなことを言っていたが、それは幻想で、実はまだ終わってない。その4月から舌の根の乾かない6月に、いきなりUFJが自力ではもたない、と言い出す始末だ。

国の借金残高もいつの間にか700兆円を超えた。これだって10年前にリセットボタンを押しちゃえばよかったのだ。それを押さずに、舌切り雀ののりみたいに、ペロペロペロペロペロ僕たちの貯金を食いつぶした結果、国民に700兆もの借金を背負わせた。ツケが回ってくる次の世代、40代以下にとっては非常に重たい十字架だ。こういう切れ味の悪さが、今の衰退の原因をつくっている。行き詰まったらリセットするということが、国家にとっても個人の人生においてもとても重要なことなのだ。

リセットするということは、それまでのことについては敗北を認めるということである。負けました、ここまででおしまいにします、と、一度メモリーを全部クリアにする、ゼロにすることを英語では unlearn というのだが、頭をからにしちゃう。そうすると、次にくる新しいものをスーッと吸収できる状態になる。つまり、リセットは次に新しいことに取り組むために欠かせないステップというわけだ。

僕は今ほど一人ひとりにとってリセットが必要なときはないと思っている。

小泉純一郎さんは何となく「聖域なき構造改革」が進んでいるようなことを言っているが、「核の時計」と同じく日本財政の「破綻《はたん》までの時計」をつくってみれば、針は決して後に戻っていない。刻一刻と終末に近づいているのだ。

国の借金はすべて若者にツケが回ってくる

パラサイトシングル

今の日本では、世代によって運命の明暗がクッキリ分かれてしまう。その明と暗の境目は50歳前後。50代以上は、定年までに住宅ローンを払い終えることができ、その後はぜいたくさえしなければ暮らしていける程度の年金を受け取ることができる。まとまった額の金融資産を持つ世帯も多い。

一方、40代は、70代まで続く住宅ローンを組んで買ったマンションの価格が暴落して不良債権化している上に、受け取れる年金は大幅に削減。現役時代に払う保険料の負担は増し、貯蓄を切り崩して生活する世帯も多い。

いつ生まれたかでこんなにも運命が変わってしまうのは、明らかに政治の責任である。ところが、かくも不幸な日本の若者たちは、このような極端な世代間格差を前に、不満の声を上げることさえしない。

たとえば都営バスは高齢者の料金を無料にしている。どうして恵まれた高齢者にタダ乗りさせるくせに、恵まれない若者から料金を取るのか。金持ちから取ればいいじゃないか、と思うのが普通の感覚だろう。ところが、「これって、おかしい、逆じゃないの？」という声を、僕は若い世代から聞いたことがない。

日本全国だいたいこのパターンで、金持ち高齢者優遇がまかり通っているのに、日本全国どこからも不満が聞こえてこない。

なぜかというと、若いヤツらがあまりに脳天気で、頭を使って考えていないからだ。たとえば、「国の借金の先送りで若い世代にツケが回ってくる」と聞かされても「だれかがいつか何とかしてくれるんじゃないの？　そういうことは、問題が顕在化してから騒ごう」という姿勢である。

小さい幸せで満足できちゃう「少年ジャンプ世代」にとって、「このままじゃダメだ、平成維新を起こそうぜ」という僕の主張は、「今とりあえず幸せに暮らしているのに、このままいけばニッチもサッチもいかなくなるなんて、そんな不吉なこと言うな、よけいなお世話だ」ってなもんである。

彼らは、問題が顕《あら》わになったところで、絶対に騒がない。事実、すでに年金制度の不公平さがこれだけ明らかになっているのに、彼らは怒りもしないではないか。これがアメリカだったら、虐げられた若い世代が立ち上がり、世代間闘争が起きているところだ。
「少年ジャンプ世代」には怒る意欲がない、ということは前述したが、「少年ジャンプ世代」に限らず、その下の世代も含めて若いヤツらは怒らなくなった。本来若者には、熱く燃える、爆発するイメージがあるものだが、日本の若い世代は実におとなしい。

　というのも、日本の社会には若者のフラストレーションを吸収するソフトなクッションがあるからだ。クッションになるのは、親である。今、35歳を過ぎても親と同居しているパラサイトシングルが、三分の一を占めるという。親元に住んで、金のある親のすねをかじり続け、いつまでも親に生活の面倒を見てもらっているこの人たちにとっては、年金制度改革など切実な問題ではない。
だから、親と住む習慣のないアメリカであれば、革命が起きそうな局面であるにもかかわらず、クッションに守られてのほほんとしていられるわけだ。

　じゃあ、親と仲良くやっているかというと、一つ屋根の下にいながら没交渉だったりするのだが、一応社会的には安定した形をなしている。この人たちは、強い欲望や野心などを持たないように育てられているので、少年時代のように親に反旗を翻すこともなく何とかやっていけてしまうのである。

虐げられた少数者

だが、いくらなんでも、ここまで世代間格差が高じてきたら、どこかで限界が来るだろう、と僕は見ている。不公平感を若い世代全体が共有すれば、それが力となって、何かが動き出すのではないか。

たとえば、若い世代の払った保険料で高齢者を支える今の年金制度そのものをやめてしまおう、という動きだ。「こんな制度じゃオレたちには意味がないぜ」。これは、実際問題として、払った分さえ受け取れない若い世代にしてみれば、実にまっとうな言い分である。その思いが結集すれば、自分が払った保険料と老後もらえる年金額が連動するスウェーデン型の年金制度にしよう、という方向に行くかもしれない。

だが、若い世代が動き出すとなると、既得権者である高齢者も黙っていないだろう。両者は限られた富を巡って利害が完全に対立する。言ってみれば世代間闘争の勃発《ぼっぱつ》だ。では、この世代間闘争に勝つのはどちらか。僕はクーデターを起こすのではなく民主主義のもとで戦う限り、つまり選挙で決める限り、年寄りが勝つと思う。なぜなら、先にも述べたように日本では投票率と年齢が連動し、65歳の人の65％は投票所に行くが25歳は25％しか足を運ばない。年代別の有権者数に投票率を掛け合わせると、既得権者である年寄りが圧倒的なマジョリティとなるからだ。

恵まれた層が社会のマジョリティで、虐げられた人々が少数派という構造は、実は「人類史上初めて」と言えるほど、まれにみる事態である。

虐げられているのが多数派であれば、我慢に耐えかねて一斉蜂起《ほうき》し、数で圧倒して既得権者を倒すという可能性もあるだろう。歴史的に見ても、革命とは、そういうものであったはずだ。

ところが今の日本はどうだ。ぬくぬくと生きる年寄りがマジョリティであり、少数派の若い世代は虐げられながら声も上げない。自分の子供に至ってはカンガルーもびっくりするくらい、腹の袋にいつまでも入れておきたい、と思っている。おまけに、マスコミが弱い者の側に立たず、体制側にべたっとはりついてしまっている。

マスコミがエスタブリッシュメントになってしまっているのだ。これでは戦わずして年寄りの勝ちが決まっているようなものではないか。

だれがきっかけをつくるか

僕は、若い世代の怒りを結集すれば日本を変えられると読んで、選挙に立ち、失敗したわけだけれど、何かの拍子に怒りに火がついて若い世代のパワーが爆発、という可能性もないわけじゃないと思う。

たとえば、ソビエト連邦崩壊の引き金となったのが、西欧の自由な空気を運んできたボン・ジョヴィのコンサートだったように、ヨン様の存在ひとつで、日本と韓国の関係が一発修復しちゃったように、何かきっかけがあれば国家や国民全体が大きく変わる、ということは大いに考えられる。

ただ、日本にはまだそのきっかけがない。93年に細川護熙《もりひろ》さんが日本新党の代表として強烈な風を巻き起こし、細川連立政権が誕生したとき、僕は細川革命に期待を寄せ、支持したけど、結局腰砕けに終わっちゃった。あれは、うまくいけばひとつのきっかけになるはずだったんだけど、ダメだった。

僕自身も、日本を変えるきっかけをつくろうと何回かトライしたけれども、やっぱりうまくいっていない。

僕は、「平成維新」は2005年までに起こさなければならない、と言ってきた。実は、2005年というのは、日本人の平均年齢が50歳に達するという象徴的な年である。これは、歴史的に見ても他国と比較しても大変なことなのだ。

極め付きの老人大国となろうとしている日本は、年齢構造的に自己改革できない。このままにしておけば、早晩、これはもうどうしようもないぞ、というところまでいってしまうだろう。だが、いよいよというときに、だれかがあるいは何かがトリガーとなって、大変革が巻き起こるのかな、そうだといいな、と僕は半ば願うような気持ちでいる。だって、そうでないと、若い人たちは本当に気の毒なことになってしまうのだ。

ここで、若い世代にくれぐれも言っておきたいのは、年寄りに対して一斉蜂起するのは結構だが、オレだけは襲うなよな、ということだ。オレはお前たちのために命がけで戦ってきたんだから、例外にしてくれよ、頼むぜ。

第二章　日本の平均年齢50歳の時代

スタープレーヤーでなく野に咲く花として生きる

残された役割

2005年に、日本人の平均年齢はついに50歳に達する。高齢化が進む日本の社会もいよいよ「平均年齢50歳時代」という新たなステージに突入するわけだ。そこで、ここからは、今50歳前後の世代、40代後半から50代前半の人たちに焦点を当て、その実像を明らかにし、残りの人生をいかに充実させていくかを考えていきたい。

まず、50歳という年齢をしっかり見つめてもらいたい。前述したように、経済的にはセーフティーゾーンに滑り込みでセーフという実にラッキーな世代だ。年金はそこそこもらえるし、蓄えもある。サラリーマンとしては、恵まれた退職のできる最後の世代と言えるだろう。これから先の人生、80まで生きようが90まで生きようが、とりあえず食い詰める心配はしなくてもいい。

あなたは今、会社では不遇かもしれない。でも、会社でどんな目に遭おうが、トータルに見れば、あなたの人生はＯＫなのだ。それだけでもう十分ではないかと僕は言いたい。

ところが、「まだオレはできる」「もうひと花咲かせる」と成仏できずに野心を抱き続けているサラリーマンがけっこういる。

確かに残り10年というのは、長い。やりようによってはかなりのことができる時間だ。すでに勝負はついているのだが、それはそれとして残り10年でなにができるだろうか、できることがあるだろうか、サラリーマン最後の10年を考えてみたい。

金銭的に恵まれた商売

まず、最初にあなたがすべきことは、会社に対しての無限の感謝である。会社は、さしたる個性もなく、凡庸な才能しか持ち合わせていないあなたに、月々きちんと給料を払い続けてくれたのである。そのおかげであなたはこうやって平穏無事に今日まで過ごすことができた。そのことに対して、心からありがたいと思わなくてはいけない。

僕は、学生時代音楽家になろうと思って、明けても暮れてもクラリネットという日々を過ごした人間なので、音楽家になった友だちが何人もいる。彼らはみなすごい能力の持ち主だ。中には10代でコンサートを開き、すげえ、すげえ、天才だ、と騒がれた過去を持つ者もいた。

だが、音楽家の世界は厳しい。そんな彼らも、演奏会だけでは食えず、1レッスン5000円から1万円のレッスンを週に何レッスンもこなして、生活費を稼いでいる。世界で一流よりちょい下ぐらいの音楽家でさえ、日本では6000円でチケットを売って600人のホールをいっぱいにできない。海外の交響楽団の常任指揮者の経験がある一流の指揮者をよく知っているのだが、そんな彼でも収入的には年俸1000万円もいっていない。

すばらしい能力の持ち主が、鍛錬の日々を経て音楽家になった、にもかかわらず、40歳、50歳の段階ですでに演奏活動だけでは食えないのが音楽家の世界なのだ。で、こういう人のピークの時期を振り返ると、やっぱり30歳くらい。以後ずっと、初心者のレッスンなどをしながら、小さなコンサートをNPO的にやったり、学校に行って演奏してあげたり、といったことをやっている。

スポーツ選手も似たり寄ったりだ。若いころ、トップクラスのスキーヤーとしてならした知人がいる。彼は今インストラクターとして引っ張りだこだが、そんな彼でさえ年俸500万円にも満たない。スキーのインストラクターは、たいてい夏になると、大工をやったり板金をやったり、トラックの運転手をやったりして稼いでいる。夏場は、日本と季節が逆さまのニュージーランドに行くという人もいるが、いずれにせよ、生活が安定しないことこの上ない。

彼らと比べると、サラリーマンがいかに金銭的に恵まれた商売であるかがよくわかる。サラリーマンなんて突出した能力なしでもなんとか務まる商売だ。特別な才能なしでもできる商売で、才能にあふれた一流の音楽家や傑出した能力を持つプロのスポーツインストラクターと同じくらいの給料を稼いでしまう。

だから、あなたは自分がいかに恵まれた環境にあるのかを、思い知るべきだ。オレはこんなにいい人生を送るほどの人間じゃなかった、それだけの価値も能力もなかった。にもかかわらず、会社はオレに25年以上も仕事を与え続けてくれた。給料をくれるわりには評価してもらえなかったし、とくに優遇された覚えもない、どちらかと言えば冷遇されてきたような気がするけれども、とりあえずクビにされることもなく、ここまでやってこられた。これがいかにラッキーなことか。もう、感謝、感謝、無限の感謝を会社に捧げるべきなのだ。

会社がオレを認めてくれない、評価が悪い、出世させてくれない……、と文句タラタラの人がいるが、ちょっと考えてもらいたい。音楽家は、チケットが売れないことを他人のせいにするか？　コンサート会場がガラガラだったとき、エージェントが悪かったとか、「チケットぴあ」がちゃんと売ってくれないとか、言っているようでは音楽家は務まらない。魅力あるコンサートを開いて客を集められないのは、自分以外のだれの責任でもない。プロの世界とはそういうものなのだ。

社長がオレのことを誤解しているから出世できない、なんて言っているヤツは、僕に言わせれば、木にボールをぶつけたゴルファーが、こんなところに生えているからぶつかったではないか、と木に文句を言っているようなものだ。

だから、もうそういう人生はやめなさい、と僕は言いたい。閑職に追いやられて、会社を逆恨みし、かといって表立って行動する勇気がないものだから、「2ちゃんねる」か何かで、グチャグチャ文句を言い始める。サラリーマンというものは、ゆめゆめそんなことをやってはいけない。

文句を言いたくなったら、スキーのインストラクターや音楽家などプロの厳しさを思い出せ。そして、いかに自分が恵まれた大名に仕えているのかを嚙みしめるべきだ。やっぱり侍としては大名に足を向けてはいかん、ということなのである。

縁の下の力持ちになれ

あなたは、この先10年から15年を、このありがたい会社で過ごすことになる。感謝を何か形で残したいが、もはや出世の可能性がないのであれば、縁の下の力持ちになることに徹するべきだ。

どの分野で力が発揮できるかは、自分の能力や経験と相談して決めることになる。まず、自分の25年前後の仕事を振り返り、サラリーマン生活の在庫を棚卸ししてみるといい。自分が長《た》けている領域は、財務なのか、人事なのか、経理なのか、それとも技術なのか。棚卸しによってそれが見えたら、今度は得意分野に領域を絞り、そこで何ができるかを考え、実行する。

経理であれば、今ここところのシステムができていないから、自分はあと残る10年でこのシステムをコツコツとつくりあげようと。あるいは人事なら、この5人だけでも将来会社に本当に役立つ人材に育てよう。そのために自分の時間を優先的にこの5人に使って、いい人材を会社に残そうと。

急ごしらえでバタバタと成長してきた日本の会社は、細かく見ていくと、特に人事、経理、財務、購買といった分野に不備な点が多い。25年の経験をうまく使いながら、あと5年、10年かけて取り組めば、会社の資産として残せるものをつくり出せる可能性は高いのだ。

ただ、あくまでも自分の目線というものは、第2の人生の充実ということに向けておくということを忘れてはいけない。会社に対する期待値は最低限に抑えておくことが大切だ。

自分の人生設計を視野に入れながら、これからの会社での時間を、会社の見えない資産づくりに振り向けていく。無理なくコツコツやっていけば、それなりの成果はあげられるはずだ。その成果を会社に無言でプレゼントしよう。

今、日本の会社に不足しているのは、こういった縁の下の力持ちである。出世する人というのは、予算を分捕ってきて、ヒット商品をつくるといった、目立つことばかりやりたがる。だからスタープレーヤーを目指すけれど、名もなく美しく咲く野の花みたいな人は意外に少ないのだ。

会社としては、スタープレーヤーになれなかった社員にも、600万円から1000万円くらいの給料を払うわけだが、それなりのものをもらっていながら、枯れ木のようになってしまう50代は実に多い。枯れ木が倒れないのは、他人の養分を吸っているからだけど、僕はこういうあり方はやめなさい、と言いたい。つまり、枯れ木ではなくて野の花になれということだ。

次世代に育つ芽を植えてあげるとか、土壌の改良をしてあげるとか、そういうことを時間をかけて静かにやっていけばいい。そうすると、うまくいけば10年後に評価してくれる人が現れるかもしれないし、少なくとも自分は納得できるはずだ。

給料をオレはムダにもらってきたわけじゃないぞ。この資産が必ず花開くときが来るぞ。そんな自信を胸に、定年退職のときを迎えることができるのではないか。

何をしても食っていけるか

サラリーマン生活の棚卸しを50歳前後でしておく、ということは実は非常に大切である。というのは、突然、子会社に転籍させられたり、関連会社に行かされたりした場合に、棚卸しによって、自分に何ができるかを把握しているということが、必ず役に立つからだ。

今の時代、会社がつぶれる不安は常にある。天下の商社にいても銀行にいても証券会社にいても、会社ごとなくなってしまうということだってあるのだ。退職後の人生を脳天気に考えていたら、そういう憂き目に遭ってしまったというときも、棚卸しがしてあれば、自分に合った転職先を探すなり、あわてず次の行動に移すことができるはずだ。

サラリーマンでも「路頭に迷ったらどうするの」ということは年中考えておくことをおすすめする。そして、そのためのファーストステップが、サラリーマン生活の棚卸しなのである。

僕は、いざとなったら家族を食わせていける程度の芸は、若いころからいくつか身につけてきたつもりだ。大学時代からやっている通訳案内業。工学博士号をとってあるから、どこかの大学の先生か原子力安全委員、という道もあったかもしれない。筋肉が強くて腕っ節にも自信があるから、工事現場でもやっていけるだろう。

実は、「いざとなったら地下鉄工事をやってでも食わせる」という言葉で、僕はカミさんを口説いたのだ㊙。

いずれにせよ、何があっても食っていけるぞ、というものを探しておいて損はないだろう。

別会社では自分の役割を見極め徹しきる

経営者は染色体が違う

会社がいつずっこけるかわからない、というリスクが常にあることを考えれば、今の会社を辞めて、長続きしそうな仕事に就くという選択肢もあるだろう。そういう方向を目指すならポイントは二つ。その一つは、動くつもりがあるのならなるべく早く行動を起こすこと。50歳を待つ必要はない。二つ目は、絶対に退職金をつぎ込むような暴挙には出るな、ということだ。

50歳になってもファイティングポーズの解けない人の中には、定年後の起業を夢見る人が案外多い。だが、僕は勧めない。退職金を資本金につぎ込んで始めた会社が成功する確率というのは、おそらく1000に三つぐらいなもの。まず成功する可能性はない。

50歳までサラリーマンを続けてきたあなたは、動物で言えば飼い慣らされている。

一方、本書の冒頭のところでも述べたように事業家の素質がある人というのは、他人に飼い慣らされるような生活を25年も続けていられるわけがなく、とっとと飛び出してすでに起業しているはず。つまり、50歳まで大企業にいられたということは、事業家の素質には欠けているということの確かな証拠なのだ。

そもそも、事業家とサラリーマンとでは染色体が違う。事業家とは先天的にリスクテーカーである。だから、サラリーマンから事業家に転身するなんて、犬に向かってニャーと鳴け、というぐらい難しいことなのだ。主からずっとエサをもらい続けていた犬が、荒野にあこがれて出て行ったところで、3日目には犬死にするのがオチだ。だからやめておいた方がいい。

外様の取るべき二つの役割

どうしても起業したい、新しいものを立ち上げていく醍醐味《だいごみ》を味わいたい、などと思っているのなら、自分のチップは使わずにやることをお勧めする。若い人が事業を始めるときに、そこに顧問として入るとか、手伝いで入るといった形が得策だ。

実は、顧問として会社に入る適齢はまさに50歳前後である。定年後では遅すぎるのはもちろんだが、40代前半でも不都合だ。というのは、悟りきれないままでそういう会社に行くと、つい「世が世ならオレが」みたいな気持ちになって、経営陣との意見の対立に発展するなど、生臭い話になってしまう。

成仏した50歳なら、適度に枯れているので相手から警戒されることもないし、経験値が高いから、若い社長のフォローもできる。経営の安定していない会社の顧問というのは、成仏した50歳には絶好の役回りなのだ。

顧問として入った会社で取るべき態度は二つ。行った会社が古いものにしがみついている会社だったら、徹底して改革派を演ずる、これを役割Aとする。一方、コンプライアンスもガバナンスもちゃんとやっていない、要するに未熟な会社に行った場合は、がっちり基礎を固めましょうという守りの権化みたいな立場を取る、これを役割Bとしよう。

大切なことは、自分がどっちの役割で行くべきかをしっかり見極めること。そして、ひとたび役割を決めたら、役者として100%演じきることである。

50歳で外様として入る会社では、追加的な戦力という立場に甘んじてはいられない。追加的というのは、今会社が80の力を持っているとしたら、それを85にするだけの存在のことだ。こういう存在だったら、わざわざ外部から、しかも50歳にもなっているような人を連れて来なくたって、内部でいくらでも補充がきく。

だからこそ、AかBのどちらかに徹することで、余人をもって代え難い極端な存在になれ、というのが僕のアドバイスなのだ。

古い体質の会社では改革派に

で、まず役割Aの場合だが、「世の中の常識はそうじゃないぞ、○○国の××という会社に視察に行って来い」とか「どんなに難しくても何人か外部から採用して、5年後には中国で勝負できる会社になっていなければダメだ」とか「あの分野は切り捨てて、この分野に経営資源を集中投下すべき」といった新しい観点を持ち込むことが大切だ。

ただ、周囲をうならせるような改革の提案をするからには、裏づけとなる豊富な知識はもちろん、現状を的確につかみ、分析する能力などがなければ話にならない。実はこれは一朝一夕に身につくものではなく、相応の努力が必要だ。

今いる会社を飛び出す前に、十分練習を積んでおくとか、あるいは「大前経営塾」(!)にでも入って、1、2年間分の知恵ぐらいは仕入れるぐらいのことはしておかないと、改革派の顧問は演じきれないと思う。

入ってすぐ大改革を打ち出すと足もとをすくわれるから、入社1年後ぐらいから役割を鮮明にしていくといい。1年間は黙って見ている方がいい。1年後に主張する内容がはずれていなければ、あの顧問はデキるじゃないか、ということで価値がぐんと高まり、主に若い人が周りに集まってくるだろう。「実は顧問、私もそういうことを考えていました」と言ってくるヤツも登場し、顧問に来てもらってよかった、新しい風が吹いてきた、という雰囲気になる。

古いものにしがみついている会社であっても、中にいる人たちは、心の中で変わらなければいけないと思っており、方向がわからずに模索していることが多い。こういう状況でA顧問の果たすべき役割は絶大だ。

やがては、「本部長をやってくれ」「推進室長はどうか」と持ちかけられたり、社長のご意見番になっていく展開もあるかもしれない。だが、くれぐれも、こいつをおとしめようとか、いつかオレが社長になってやるぞというような下心は持たぬように。改革者の役割Aを徹底して演じ、ダメだったらその場を去る、くらいの淡泊な気持ちでいることが大切だ。

未整備の会社では守りの権化に

役割Bというのは、Aの逆さまだ。要するに、できたての会社で危なっかしくてしょうがない、コンプライアンスもガバナンスもちゃんとやっていないし、株主総会は内輪でなあなあで進む、業界の慣習だとか言って法律的にもどうもまずいことをやっている、というような会社に対して、こんなんじゃダメだ、ともの申す役回りである。

顧問の姿勢としては、外部の人間としてここがダメだ、こういう点が不備だ、と指摘するだけでなく、この点をこう直して体裁を整え、基礎を固めれば、世界のどこに出しても恥ずかしくない会社にできますよ、という前向きの方向性を示すことが大切である。

具体的にはIT化に取り組んでコンプライアンスをやろう、30歳社員と40歳社員の知識や技能に差がないのは教育制度がないからだ、教育システムを構築しようなど、大会社と比べて欠けているものを、実情に合わせて導入していくことになるだろう。

つまり、エスタブリッシュメントというものは、こういうふうにするんだぞ、ということを身をもって示し、大会社で鍛えてきた20年、30年というものを新しい会社に投入するわけだ。その際、あなたの経験、白髪、思慮深さといったものは、すべて仕事をしていく上での武器となる。

新しい制度やシステムを導入しても、担当者がとまどい、うまくいかないことも多いだろうが、そんなときは、経験豊かな縁の下の力持ちとして、さりげなく穴埋めをしよう。そうしているうちに「さすが顧問、社内の人間が気づかないことをいろいろ言ってくれる、ありがたい」「経験者だけにどこが難しいかがわかっていてフォローがきめ細かい」と喜ばれ、信頼されるだろう。

相手は勢いだけでやってきた会社なのだから、あなたは守りの権化に徹すればいいのだ。そして、大企業の持つ秩序や思慮深さを持ち込みつつ、立派な会社に発展していく上での礎を固めていく。地道で骨の折れる仕事だが、会社にとってなくてはならない存在になっていく可能性が高い。

自分のスタイルは必要ない

ここで、僕からの大切なアドバイスは、両方いっしょにやるな、ということである。ある日は役割Aを演じ、ある日は役割Bを演じると、社内が混乱するだけではなく、この人おかしいんじゃないの？　ということにもなりかねない。

役割Aと役割Bは両極端のキャラクターでわかりやすい。が、演ずるあなた自身は、本当はAでもBでもなく、その中間に位置する人間である。何気なく気づいたことを口にしたとき、役割Aの言いそうなことと、役割Bの言いそうなことが混じってしまうこともある。それは慎まなければならない。

自分のスタイルは、決して持ち込んではいけない。あくまでも役割AならAという役者を、役割BならBという役者を、演じきる覚悟が必要だ。それが会社にとっては「社外の人」の大切な貢献だからだ。

あなたが役割Bとして入社した会社に、Aみたいな人が入ってきたとする。おそらくAは会社を次の段階にドーンと導き、派手に活躍し、賞賛されるだろう。それまで守りの権化であったあなたの影は当然薄くなるし、提案のいくつかはAによって覆《くつがえ》されるかもしれない。

でも、ここでヤキモチを焼いてはいけない。会社というものには、AとBの両面が必要なのだ。だから、あなたがBに徹している限り、死ぬまでちゃんと役割はある。

おおざっぱに言えば、激動期になると役割Aの人が活躍し、ある程度業績が伸びたところで、こんどは基盤を固めていく役割Bの出番となる。だから、いずれまた自分の時代が来るからと、ここはひとつドーンと構えて静観すべきだ。

くれぐれも、顧問同士で血みどろの闘いを繰り広げることのないように。あなたはあくまでも役者なのだから、最後まで自分の役割に徹するのだ。

転職で自分の格を上げる方法はあるのだろうか

二つ格下の会社で輝け

あなたが「オレはまだまだ捨てたもんじゃない」と思っているなら、50歳の決断としては転職だろう。転職には起業と同じくらいのリスクがあるから、僕としては積極的には勧めない。が、出世ルートには乗っていないけれど、まだ悟りがひらけず、自分でもやれるぞ、ということならば、新天地でもう1回やってみるのも悪くはないだろう。

50歳から60歳あるいは65歳までというのは非常に長い。ビジネスに未練があるなら、挑戦してみるのもいい。新しい会社で成功して、70歳まで引き留められる、なんて可能性だって大ありなのだから。

だが、転職先はきちんとセレクトすることが大切だ。選ぶほどない？　それは、今の会社と同じレベルか一つ格下ぐらいの会社の中から探そうとするからだ。50歳で転職するのであれば、二つ格下の会社へ行くのが一番いい。一段階下くらいだと、行ってもあんまり差をつけられない。ところが、二段階下の会社に行けば、「さすがにこの人は……」と、仕事のやり方や能力が高く評価され、「大きい会社で鍛えられた人はやっぱり違うね」ということになる。大会社でのノウハウや人脈を持つあなたは、得難い人材としてとても大切にされるだろう。つまり、二段階落とすとあなたの格が跳ね上がるのだ。

スキーで斜面をすべるときを思い浮かべてほしい。勾配《こうばい》が緩やかだと、のんびりとフォームも美しく決めながら自分のスキーができる。だが、急傾斜だと滑り降りることだけに必死になってしまい、自分のスキーなどと言っている余裕はなくなってしまう。

大会社で出世競争をするということは、急斜面でのスキーなのだ。それが緩やかになるにつれて余裕が出て、曲がったり、止まったり、回ったりが自由にできるようになる。そうすると、自分ならではの、けっこういいものが出てくるわけだ。

50歳で転職するなら、坂の勾配を二段階落とそう。楽に滑れる斜面で楽しく過ごそう、と、こういうわけなのだ。

地方に事業のチャンスは山とある

都会の会社から地方の会社へという転職も、格下の会社に行くのと同じ効果がある。さらに、地方には東京と違って未開発のエリアも多く、人材も不足しているので、能力を発揮するチャンスが拡がる可能性があるのだ。

先日も山形に行って感じたのだが、駅前には開発されていない土地が汐留ほどの広さで拡がっている。知恵者が一人でもいれば、こんなふうに放っておかないだろうに、地方の人材不足は切実だと思った。

そんな事情もあって、今、地方自治体レベルでは、東京から能力のある人を抜擢《ばってき》して地方に連れて来る、ということが活発に行われている。

長野県の田中康夫知事は、赤字が続くしなの鉄道の立て直しのためにＨＩＳの杉野正さんを引っ張ってきた。杉野さんは就任から2年でしなの鉄道を黒字に転換。その手腕にほれ込んだ埼玉県の上田清司知事が、今度は杉野さんを埼玉高速鉄道の社長にスカウトした。高知県の橋本大二郎知事も、高知工科大学の教授に民間の人を招いた。長野県は、副知事も田中康夫知事が東京から連れて来た人だ。

東京では才能のある人がだぶついていて、同じような能力が重複しているから、よっぽど飛び抜けているか運がよくない限り花開かない。だが、地方に行くと、予算は結構あるし、地方経済に与える影響力は大きい。だから、赤字体質のしなの鉄道を黒字化させたとなれば、注目の的だ。

50歳からの仕事の場を、都会だけに限定せず地方に拡げると、チャンスは大きく拡がってくると言えそうだ。

大会社でのスキルを生かせ

地方企業に転職したとき、そこで求められるのは、100%企業経営のスキルである。バランスシートを見て、売上げを高くしてコストを下げて利益を出す。お金が足りなければ、財務に注力して資金調達をしましょう、人材が不足していれば、そういうことのできる人をここに連れて来ましょう、といった、都会ならどこの会社でも必要なごく普通のスキルである。

ところが、都会ではごく普通のスキルを、地方の会社に持ち込んだところ、驚くほどの効果が上がった、というケースが実は非常に多い。

というのは、地方では、会社の形をいちおうはとりながら、会社になっていないところ、利権だけで商売をしているところ、県庁など役所のお抱え出入りの業者になっているところなどが多く、東京のような厳しい企業間の競争はほとんどないのである。それでいて経済規模は大きい。そんなところへ、本当の企業経営をちょっとでも持ち込めば、そのメリットは計り知れないほど大きなものになるのだ。

だから、地方の会社に転職すれば、あなたのスキルが重宝がられ、大切な人材として扱われるのは確実。子会社とか事業部を経験した人であれば、やってきたことがほぼそのまま生かせる可能性が非常に高い。

最後のチャンスを求めて転職するなら、地方の会社は有望な選択肢になるのではないか。

権限に対抗するのは人間性だ

地方に入っていくときには、ごく普通の企業経営のスキルがあればＯＫだが、そこになじみ、円満に仕事をしていくには、都会とはちょっと違った資質が求められる。

それはグループに受け入れられ、ともに行動できる能力だ。

僕の知り合いで、故郷を発展させようという志を持って、地方に戻っていった人がいる。この人は、非常に頭が切れ、知識も豊富、会社経営をやらせたらすこぶる有能な人物で、その地方を発展させるための本まで書いた。その出来はすばらしくて、地元の人たちも、すごい人が来てくれた、と最初は喜んでいたし、みんな彼の話に耳を傾けた。

ところが、「いっしょにいると気まずい」とか「あいつとだけは週末いっしょに過ごしたくない」など言われるようになり、しまいにはだれも寄りつかなくなってしまった。

なぜ、こんなことになってしまったのか。彼は、ビジョンや方向性、構想力、戦略性などについては、グループを動かしていくリーダーとして申し分なかったと思う。ただ、唯一、執着心に欠けていた。執着心というものは、要は相手と関わる時間なわけで、ある人と徹底的に話し合う、相手が深く理解するまで説明する、自分もいっしょに足を運んでその場の空気を共有する、何度も様子を見に行く、といった行動として現れる。

こういうことの積み重ねが周りをやる気にさせたりするものなのだけれど、彼は頭がよくて、考え方が合理的なものだから、この時間を節約しようとしてしまう。膨大な時間を投入しないと、結果が得られないということに我慢がならなかったのだ。都会では、こういうリーダーでも通用するかもしれない。だがこの地方では難しかった。

結果的には地元の人たちは「命令するばかりで、人間性に欠ける」「あの人の言うことは正しいけれど、いっしょにやりたくない」と離れていってしまった。

今は、彼の話をちゃんと聞いてくれるごく少数の人だけを集めて私塾みたいなものをやっているけど、地域へのインパクトはどんどん小さくなっていっている。彼の力量と熱意からすると、本当に惜しいことだ。

50歳で地方の会社に入ろうとする人が、彼の失敗例から学べることは大きいと思う。よそ者として、体ひとつで地方に入っていこうとする場合、権限も何も持たないわけだから、やはり勝負は人間性だ。

実は人間性というものは、権限のない人間にとっては唯一の武器だ。都会の大企業出身で50歳のあなたが、警戒心を持たれずに地方の会社に採用されるのも人間性だろうし、権限を持たないよそ者のあなたがグループを動かそうとしたら、それは人間性をもって動かすしかないのだから。

「会社人間」である自分をリセットするとき

50歳を過ぎ、勝ち組が不祥事を起こすといった敵失以外に会社でのステップアップの見込みがなく、他社から「社長になってください」と頼まれることもなく、取引先から「ぜひ定年後はうちに来てください」と誘われることもないなら、あなたは、「会社人間」としての人生で自分は空振りをしたのだ、ということをまず自覚すべきだ。

こんなことで、愕然《がくぜん》としないでほしい。会社にどんなに尽くしても、報われない時代に入ったことを、若いヤツが次々に抜擢されるのを横目で見ながら、あなたは感じていたはずだ。会社人間として、朝から晩まで仕事をしているだけでは、世間的に評価されるスキルが身につかないことも薄々感づいていたはずだ。

しかし、あなたは何もしなかった。一部のできるヤツを除けば、周りには似たり寄ったりの連中ばかりだから、深く考えるでもなく、何か行動を起こすでもなく、ここまで来てしまったのだ。

現実から目をそむけてきたのはあなたである。今さら悔やむな、驚くな。だが、これからの人生については、ちょっと立ち止まって考えてほしい。定年までの10〜15年、これまでの延長で過ごしてしまっていいのか。

ここでひとつ、気持ちをスパッと切り替えて、「会社人間」としての自分に見切りをつけよう、それまでの自分を一度リセットしちまおうぜ、というのが僕の考え方だ。「会社人間」をやめ、これからは「人間」として、定年後の20年間（平均寿命なら）をハッピーに生きることに専念するのだ。

定年まで10年以上ある今だからこそ、定年後の20年間を充実させるためのさまざまな準備をじっくりと進めることができる。60歳や65歳になってから始めたのでは難しいことが多い。しかし定年退職を待たず50代のうちに始めてしまうことで可能になることもたくさんあるのだ。

50代は、第2の人生について考え、行動に移す、〝旬〟の季節である。なぜなら、40代では、まだ、ファイティングポーズが解けない人も、さすがに50代になると悟りがひらけるようになるからだ。

50代まで努力したけれども、ここまでしか来られなかった。もうこれ以上偉くなることはないだろう、と思ったときが、成仏のしどころだ。人間、死ぬときに成仏するのでは遅い。生きているうちに、ありがとうございました、と成仏してこそ意味があるのだ。

なるべく早いうちに、生きて成仏せよ。そうすれば、あなたはハッピーな新しい人生を構築することができるのである。

先輩の姿を観察する

さっさと、リセットボタンを押しちゃいなさい、と僕がいくら言ったところで、なかなかできない人も多いと思う。そんな人には、同じ会社の10年先輩、20年先輩の姿を観察することをお勧めする。会社の先輩というのは、あなたと同じ培養液の中で同じ栄養分を吸っているので、実験室的にみれば最も信頼のおける観察対象だ。このままいくと自分の会社人生の末期はこうなるのか、ということをリアルにイメージさせてくれる存在を利用しない手はない。

仮にあなたの先輩が100人いたとしよう。その中の10人か15人を克明に見てみよう。今年定年退職するAさんが輝いていたのはいつごろだったのか。48歳ごろ？

今のあなたと同じくらいの年のころかもしれない。それが、今はどうか？　どんな仕事をしているのか。どんな立場で、どんな存在なのか。周りはAさんのことを、何と言っているのか。

Aさんの退職の日、最後のパーティーには多忙を装って欠席者が続出。結局あなたを含めて3人しか集まらなかった。こういう寂しい展開は決して珍しいことではない。それを見て、あなたはどう思うか、何を感じるのか。これは、自分の行く末かもしれない。なにしろAさんとは、同じ培養液に浸かっているのだから。

こうやって観察していくと、性格も能力も置かれている状況も違うのに、予定どおりの順番で、同じように退職していく先輩たちの姿をたくさん見ることになるだろう。そして、それが、あなたがこれから進もうとしている道なのだ。

一方、15人も観察する中には、一人くらい毛色の違った先輩もいるはずだ。これをBさんとする。Bさんは仕事ぶりこそ、ほかの先輩と似たり寄ったりだったが、なぜか退職時に輝いていた。周りからも人気があり、退職パーティーは大盛況だった。

こういう人は、往々にして引退後の人生に夢をふくらませている人だ。次に何をやりたいか、どう進めていくのかについて、人に話せる計画を持っている。こんなBさんの話なら、聞いていて楽しいに決まっているから、パーティーには人がたくさん集まる。

このまま放っておくと、あなたはやがてAさんになる。ああ、オレはいったいどうすりゃいいんだ、と考えても煮詰まるばかりだ。

だから、ここでは、自分から少し距離を置き、Aさんはどこで何をすればBさんになれたのかを、客観的に考えてみよう。そしてAさんにできそうな具体的なアドバイスをいくつかあげてみる。

ここで、どんなアドバイスができるかは、会社の状況にもよるし、産業の状況にもよるし、もちろんその人の能力にもよるから、一概には言えない。だけど、どこかにAさんとBさんの分岐点は必ずあって、その時点でBさんは、会社員人生をリセットし、自分の定年後の人生の充実のための一歩を踏み出しているはずだ。それは、残業をやめ早朝出勤を始めたとか、飲み歩く回数が減ったという行動の変化によって現れてくることが多い。Aさんはそのとき何をしていたのか。

それに気づいたら、Aさんへのアドバイスを自分へのアドバイスにしよう。人のふり見てわがふり直せ、と言うけれども、同じ培養液で育った先輩の失敗パターンほど、会社員人生をリセットする必要性をあなたに教えてくれるものはないと思う。

もったいないと思ったら負け

僕自身について言えば、僕は「ミスターリセット」と呼んでもらいたいくらい、リセットを繰り返してきた人間だ。リセットというのは、僕の中では前に進むために欠かせないプロセスで、変なものをいつまでも追っかけるより、ずっと建設的なことなのである。一生懸命努力はする、でも、こりゃ、ダメだ、と判断したら、それ以上深追いはせずリセットする、これが中学時代からの僕の行動パターンなのだ。

たとえば僕は、日本のエネルギー問題を何とかしようと、9年間原子力の仕事に携わった。だけどあるとき、「なんだよ、相手は東京電力に動燃（動力炉・核燃料開発事業団）か。役所と官僚の世界じゃないか。これじゃあ、エンジニアとしていくらいいことを言っても、まともに聞いてもらえないぞ。こりゃあかんな」と思ってリセットしちゃった。

で、原子炉のエンジニアとして働いていた日立を辞めるとき、「せっかくＭＩＴ

でドクターまでとったのに、もったいない」だの「会社に残ったら29歳で課長にしてやる」だの、とずいぶん引き留められた。だけど、そういうことはもう関係ない。原子炉をやるために日立に入社し、「原子炉なんかもうやれねえ」と思って辞める僕には、博士号も課長のイスも「もったいない」ものではなかった。原子炉を勉強した9年間はムダになっても、また、一からやり直せばいいじゃないか。

それまでに積み上げたものを「もったいない」と思ってしまったら、オールクリア・ボタンは押せなくなる。守りに入ったらそのとたんに人生は負けだ。僕は若いころから、そう思ってきたし、それは今も変わらない。

この28歳のときの日立退社に続き、50歳でマッキンゼーを退社したとき、二つの選挙に敗れて52歳で政治活動から手を引いたときの計3回、それまで積み上げてきたものを「もったいない」と思うことなく、オールクリア・ボタンを押した。

「会社人間」である自分をリセットすることは、とても勇気の必要なことかもしれない。だが、考えてほしい。自分でリセットしなくても、退職年齢が来たら強制的にリセットさせられるのだ。それなら10年早く自分からリセットして、退職後の20年に備えた方が、その後の人生はずっとハッピーになるのではないか。

人生を新しく生き直す強い意志を持てるだろうか

ガターに落ちたらピンは倒せない

オールクリアできない人の多くは、思い上がっていたり、自分を買いかぶっている場合が多い。サラリーマンとしての自分の置かれた現実を直視するのはつらいかもしれない。あんなに一生懸命会社に尽くしてきたのに、なぜ？　と思うかもしれない。だが、そういう時代になったのだということ、そんな中でも一歩抜きんでる力が自分に不足していたことをしっかり認め、これからの人生をどう生きるかについてほしい。

現状を把握する力がない場合は、はっきり言って救いようがない。40代の後半にもなって、社内で浮かび上がれない人というのは、ボウリングで言えばガターにはまっているのである。自分ではそのことに気づいていないから、ストライクは無理でも、自分がやれば前の3ピンくらい倒せるさ、などと勘違いしている。だが、それは物理的に無理だ。ニュートンの法則に逆らっているではないか。一度ガターにはまったボールが、この先レーンに出てくるなんてことがあってたまるか。

僕なんかが見ていると、こういう人は案外ボールを投げた瞬間から、つまり20代のうちからガターに落っこちているのだ。だが、すぐそれに気づけ、というのは酷だろう。成長期の錯覚というものも認めよう。自分がガターであることに気づかない20代、30代までは許そう。だが、40代、50代になったら、そろそろ気づけよな、なのである。

万有引力には逆らえない。ならば、レーンに戻す方法はないのか？　というと、これがひとつだけある。それはリセットボタンを押すことだ。あれを押したら、倒し損なったピンを全部流して、ちゃんと10本のピンを置いてくれる。さあ、仕切り直しだ。気分を変えて、もう1回投げられるではないか。僕がリセット、リセット、とうるさく言うのはこういうわけなのだ。

学歴は資産ではない

現状を把握できず、リセットボタンも押さず、いつまでもガターからピンを狙っているような人がとくに大量に発生するのは、一流と呼ばれる会社だ。

以前、『週刊ポスト』でサラリーマン向けの人生相談ページを担当していたことがあるが、そこで相談を受けた1600人の中にも、あんたガターに入ってるんじゃないの？　と言いたくなるような連中がいっぱいいた。そういう人の大半が、「オレはいい学校を出た」「いい会社に就職した、そんなオレがなぜこんなに恵まれないんだろう？」といったことでくすぶっている。そして、リセットできない原因もそこにあるのだ。つまり、そういう人たちは、小さいころからよくできて、学校の成績も上の方で、会社でもそこそこやっているのだからいつか報われるはずだ、という気持ちがある。だから、いつまでもぐずぐずしているのだ。

だが、これは大間違いだ。前提条件がずれている。いい学校を出たことにどれだけ意味があるのか。松下幸之助さんは小学校しか出ていない。安藤忠雄さんは、ハーバード大学と東京大学で教えているけれど、大学は出ていない。戦後をつくった100人の経営者を集めて最終学歴を調べたら、小学校から大学までまちまちだと思う。当たり前のことだが、学歴は成功や幸せの条件ではないのだ。

それから、生まれた家も関係ない。逆に環境に恵まれすぎてスポイルされるマイナス面があるくらいで、生まれのよさと人生における成功とは、全然相関しないのである。だから、いい家に生まれた、いい学校を出た、それがもとでいい会社に入れた、なんてことは早く忘れなくちゃダメ、オールクリアしなくちゃいけないのである。あなたが後生大事に抱えている学歴なんて、実は資産でもなんでもないのだ。

奥さんに見栄を張るな

オールクリアできないもう一つの大きな理由が、奥さんに対する見栄だ。まず、奥さんが、あなたの身に余るほどの大きな期待をあなたに寄せている場合。これは、早いところ是正した方がいい。

奥さんが、「うちのだんなは、もっと上まで行くはず」、と期待している。以前昇進したときにも、まるで役員になったかのように大喜びしてくれた。あなたはそれを見てやっぱり部長くらいにはならなきゃいかん、と思い、知らないうちに肩に力が入ってしまう。カミさんの期待は裏切れないぞ、と〝ええ格好〟をしたくなる。

こういう夫婦関係だと、「オレの会社員人生は空振りだったから、ここでリセットして、第2の人生の充実に努めたい」なんてことはとてもじゃないが言えないだろう。会社の出世の順番が部下に抜かれたことや、すでにラインからはずされていることは、当然ながら奥さんにはひた隠しだ。だけど、これを続けるというのも相当つらいことだ。奥さんに対して、自分の違うイメージを伝えているようなら、気の休まる場所がなくなってしまう。

奥さんには、会社でのあなたの実像とライフプランについては必ず話しておくべきだ。加えて、サラリーマンという商売のリスクの高さもわかってもらえるといい。今では大会社の社長でも、辞めた後に、退職金を返せと言われたり、逮捕されたりする時代。そのあたりも120％理解してもらい、話し合えるような人間関係にしておきたい。

僕に言わせれば、奥さんに見栄を張っているような男は、もともとダメだと思う。そんな家庭はすでに崩壊しているのも同じだ。自分がどういう人生を生きたいかを奥さんに話せないような夫婦関係だったら、僕なら別れることを選ぶだろう。

だけど、近ごろの男はそうなのかもしれない。『週刊ポスト』の人生相談でも、「会社からアメリカ勤務を言い渡されました。私としてはどうしても行きたいのですが、家内が強硬に反対するので困っています。どうしたらいいですか」なんてことを言ってくるヤツがいる。「じゃ、離婚するしかないですね」と言うと、「えっ、なぜ？」と聞く。「自分でどうしてもそれをやりたいのなら、あなたは行くしかない。奥さんが反対なら、別れても行くしかないじゃないですか」と、こういうことを言うと、ビックリされる。

よく話を聞くと、まだ、奥さんとはゆっくり話し合ってもいない。自分がなぜ行きたいのか、自分にとってアメリカ勤務がどういう意味を持つのか、そのへんを何も説明してない。こういう本当に救いようがない人が次々に「人生相談」に現れるのだ。

いずれにせよ、自分の生き方に関わる局面で、恋愛時代のように〝ええ格好〟をしているわけにはいかない。奥さんに対して見栄を張ったり、遠慮している場合じゃないと思う。期待を裏切れないだの何だのと言っているあなたは、ただの見栄っ張りだ。

こういう問題は、企業の会計と同じ。なるべくディスクロージャーして透明になる必要がある。自分というのはこういう人間で、会社人生とは違ったこういう人生を生きたいと思っているということを、きちんと主張しなくてはいけない。もちろん、奥さんがどう思うかについてはきちんと耳を傾ける。

そして、できることなら、奥さんもいっしょにオールクリアするといい。夫婦関係も含めて、新しい現実というものを互いに受け入れていく。結婚していろいろ期待もしてもらったし、支援もしてもらったけれど、「オレはここまでの人間だ」、「私はここまでの人間よ」、と互いにはっきり話し合うことが必要なのだ。

等身大の自分を描き出せ

家族から英雄視されるというのは、美しい話だけれど、実は素顔を見せた方が家族の尊敬は高まるし、あなた自身も楽になる。だから、50歳になったら、等身大の自分を家族に見せていくことをお勧めしたい。

等身大の自分を描き出すことは、35歳では難しい。若いうちは、家族の期待や自分自身の期待がじゃまをして等身大のつもりがもっと大きなものになってしまうことが多いのだ。でも、50歳ならできるはずだ。50歳になっても期待値が依然として高いままというのはまずい。

今までずっと家族に〝ええ格好〟してきた人にとっては、少々難しいかもしれないが、等身大の自分を見つめることは、第2の人生を迎えるにあたってとても重要な作業だ。というのは、等身大の自分を見つめ周囲に対して描き出すという作業は、ファイティングポーズが解けていない人にはまだ無理で、成仏していることが前提になるからだ。

だから、参院選に「出ない」「出ない」と言っていた竹中平蔵さんが、小泉首相に説得されて、「そこまで言われたら……」と、あっさり自民党公認で出馬したりするのを見ると、ああ、この人は53歳だけれども、まだ成仏していなかったのだな、等身大の自分というものが描けていないのだな、と思ってしまう。

民間大臣としての竹中さんに「自民党じゃないから、何かいい仕事をやってくれるのではないかな」と期待していた人は、「なんだ、自民党から出ちゃうのかよ」と、幻滅したことだろう。期待を裏切った竹中さんに対する国民の目は非常に厳しくなる。

一方、竹中さんは、自民党の竹中平蔵になってしまうことで、選挙で票が集められなくなるような仕事は、今後一切断行できなくなるだろう。それは、彼が民間大臣だからこそ、ここまで自由にやってこられた仕事の基盤を失うことを意味する。

竹中さんは本当にそれでいいと思っているのだろうか。

〝目玉候補〟としての竹中擁立は、自民党にとってはプラスだったかもしれないが、竹中さん本人にとっては、どう考えてもプラスのことは少ないように思う。

今、竹中さんは非常についているし、政治家になってしばらくはさらに活躍するだろう。だが、人間万事塞翁《さいおう》が馬で、ついている時期がずっと続くわけではない。お節介を承知で言うが、僕は、ずっとあとになってから竹中さん自身が、やっぱりあそこで議員になるべきではなかった、と思うことになりそうな気がしてならないのだ。

竹中さんに等身大の自分が見えていたなら、ダメなものはダメ、と出馬を固辞していただろう。やっぱり人生には、勢いに乗ってもう一歩進んではいけないときがある。成仏するということは、この一歩を踏みとどまれること、であるように思う。

中高年はなぜ悩んでもしょうがないことに悩むのか

自分の手に余るものはしょい込むな

50代のサラリーマンに自殺が多いというが、自殺をする人というのは、がんばっている人である。そういう人には、まず、肩の力を抜けよ、と言いたい。

今の50代は、よほど特別なトラブルでも抱えていない限り、変な欲さえ持たなければ、そこそこ暮らしていける幸せな世代だ。普通にしていたら、自殺しなきゃいけないような原因そのものを抱えないですむはずなのだ。

それなのに自殺したくなる人というのは、やっぱり欲深い人である場合が多い。身の丈に余る借金をしてしまうのも、ノイローゼになるほど悩んでしまうのも、欲が深いからである。

上司にできるヤツと評価されたい、みんながあっと驚くような企画を出したい……、というような欲を持つ人というのは、自分を買いかぶっている証拠だ。こういうのを一切やめて、「オレにそんなことできるわけない」と開き直ったら、人生どんなに楽になることか。

そもそも、仕事で悩むくらいだったら、上司に「そんなことできません、クビにしてください」と言ってしまえばいいのだ。今どき「できないならおまえをクビにするぞ」と言える勇気のある上司はいない。ウジウジ悩むくらいだったら、早めにかぶとを脱いでしまえ、これが僕のアドバイスだ。

サラリーマンというものは、会社という木の樹液を吸って生きているやどり木のようなものだ。だから、樹液の量とか木の性質を理解した上で、その範囲で生活することを考えなくてはいけない。

サラリーマンという、ある組織に所属しそこからサラリーをもらって生きていく商売を選んでしまったのだから、与えられた範囲というものは理解すべきだ。自分の許容範囲を超えた手に余るものをしょい込もうとするから、自殺したいほど悩むはめに陥る。

がんばる人生も結構だが、サラリーマンである以上、ある程度のところまでがんばったら、「オレにはできない」と、往生際よくかぶとを脱いでしまうことも、とても大切なことだ。

解決可能かどうか考える

ああでもない、こうでもないと悩みに悩んで、その結果物事が解決したためしなどない。だから僕は何か不都合が起きたら、「悩み」にする前に、「問題」としてそれをとらえることにしている。

「よし、こいつは問題だ。僕にとってもダメージはデカイな」と思ったら、その問題がなぜ起こっているのかをまず見極める。そして、それは解決可能な問題なのか、不可能なのかを検討し、可能なら、解決するための一番良い方法は何かを考えてそれを実行する。解決できない問題については悩まない。と、こういうのが僕のやり方なのだ。

ズルズル悪くなっていく会社というものは、たいてい問題があるのにそれを知りつつ放置している会社だ。家庭内の不和も同様で、問題に向き合わず、そこから逃げているから、ぬきさしならないところまでいってしまう。

たとえば自宅に寝たきりの母親がいて、嫁さんに口うるさくいろいろ命令し、嫁さんがまいっている、というとき。これはなかなか悩ましい問題ではあるけれど、三つの解決方法が考えられる。

第1は、「もうおふくろも、そんなに長くないからがんばってくれ」と嫁さんを励まし、ゴルフに行くのをやめてでも嫁さんの助けになることをやる。ときには介護の人を雇う。といった具体的なアクションで、嫁さんをサポートする。こうすれば嫁さんは我慢できるかもしれない。

第2は、母親を施設に預ける。

第3は、「嫁さんが非常に困っている、お母さんもぜいたくばかり言うな」と母親を説得する。

どの方法がいいかは、そのときの状況によるだろうが、とにかくどれかのアクションを起こすことが問題解決の道だ。悩んでいるだけでは先に進まない。

僕の家の場合も、嫁さんと母親との仲が悪くなる可能性が十分あった。うちの嫁さんはアメリカ人だから、とくにいろいろ問題が出てきて、「あの人は気がきかない」「日本の奥さんならこういうことをやってくれる」……ということを母親からしょっちゅう聞かされる。互いに非常に神経質になっている。それを見ていて僕もまいってきた。これは問題だ。どうすべきか。

このままいったら、どんどんエスカレートするだろう。僕の兄弟は上と下が女だ。その二人と母がいっしょになって嫁さんに対抗したら1対3、親戚《しんせき》も含めると1対5になって事態はグチャグチャになるばかりだ。

だから、早いうちに母にはっきり言った。「うちのカミさんにも至らない点はあるかもしれない。だけど外国から来た嫁に、そんなことを期待しても無理だ。母さんがこのまま文句ばかり言って、揉《も》めて、どうしようもなくなったら、オレは嫁さんの方を取るよ」と。

そしたら、母はシュンとなって引いちゃった。これ一発で終わりだった。結果的には、この一件を経て嫁さんと母はすごく仲良くなり、母は今、このときのことを僕に非常に感謝している。

ここで「そうは言ってもまあまあ」とやっていたら、問題はもっとこじれていたと思う。

こういう問題解決のやり方はユニバーサル、世界共通だと思う。だから僕は外国の人と揉めたときも、必ず話し合う。話せば、そこで解決策が見える。見えたら、行動に移す。

僕の周りを見ていると、頭で考えただけで放置し、行動に移さない人が多い。悩みとか問題というものは、考えれば考えるほど頭の中で大きくなるから、問題はエスカレートしてしまう。やっぱり、問題は早期発見、早期除去。これに尽きるということである。

解決不能なことは悩まない

では、解決できない問題についてはどうすればよいのか。これは悩まないこと、これしかない。

たとえば、すごくイヤな上司がいる。あなたのことをよく思っていないようだ。こんなとき「オレはどう思われているんだろう、何がいけないんだろう」と思い悩んでも、「あの野郎、気にくわない」と悪態をついても、その人の態度が変わるわけではない。

解決方法としては、相手と話し合いをする、というのがある。これができれば何よりだが、上司が相手だと難しいかもしれない。相手が聞く耳を持たないことも考えられる。

もう、お手上げである。これ以上悩んでもムダだ。そんなとき僕は「相手はオレより年上なんだから、順番から言えばオレより先に死ぬ」と思うことにしている。そうしているうちに、くだらない上司なんかのことで自分の大切な時間を費やすことがバカバカしくなり、いつの間にかどうでもいいことになるのだ。

体の問題で悩む人も多い。たとえば僕が余命いくばくもないと宣告された場合。こうなったときは、残る人生を逆算して、その間に何をやらなければいけないのかを、まず考える。その後は、死への準備に費やす。あと何日、と言われたら、その何日を納得いく形で終わらせればいいわけで、悩んでも始まらない。寿命というものはどうしようもないのだから、そのことでジタバタするのは時間のムダなのである。

悩めば解決する問題については、一生懸命に考えてなるべく早く解決する。悩んでも解決しないことについては悩まない。この二つを実践すると、人生はかなり生きやすくなる。

『失楽園』に落ち込む

悩んでも解決しない問題を抱え、延々と悩んでいる人は多い。リストラとか倒産を心配したところで、結果は変わらないし、窓際に追いやられたことを悩んでも返り咲きはない。それなのに、悩んでしまう。こういう人が陥りがちなのが渡辺淳一さんの小説『失楽園』（講談社）の世界だ。

会社では、うだつがあがらない、カミさんは優しくしてくれない。なんだか生きる目的を見失ってしまった。そんなときに偶然出会った女性にほろっと来ちゃって、全部貢いで、人生を踏み外し、最後は青酸カリで自殺をする。

僕はこの筋書にはちょっと異議がある。やっぱりあの女は男だけ殺して、自分は生き残るべきだ。あんな甲斐性のない野郎といっしょに死ぬなんて、いったいどういうつもりなのさ、と僕なんか思っちゃうけど、身勝手な男の世界というのは、あやってどこまでも底に落ちていくストーリーになっちゃうわけだ。

これは、悩みを抱えた50代の人が非常にはまりやすいパターンではある。厳しい現実の中に、ちょっとした安楽とか癒しがあると、これこそオレの人生のすべて、と思ってのめり込んでしまう。

情けない話だが、悩みからそうやって逃げるしかない男というのは案外多い。日本の会社で悩みを抱えて、自宅に帰れば帰ったで、こちらでも頭の痛い問題があるという場合は、心の休まる場所がない。そうなってくると『失楽園』の世界に男は逃げ込みたくなるかもしれない。だけど、会社で窓際族にされた、処遇に不満がある、などという「自分ではどうしようもない」ことに悩んで、その結果人生を棒に振るなんていうのは、実にもったいないではないか。

悩んでもしょうがない問題は悩むな、と、もう一度言っておこう。

人生を幸せに終えられるかどうかが判断の基準になる

能動的行動と受動的行動

定年までの10～15年間の生き方を考える前に、50歳前後でサラリーマン生活の棚卸しをせよ、ということを前述した。実は50歳前後の人に必要な棚卸しはもう一つある。それは、死ぬまでの30年を充実させるための人生全体の棚卸しだ。

僕は、人生最後の瞬間に「ああ、オレの人生は良かった」と言い残して死にたいと思っている。だから、棚卸しをするときも、結果の側から考えるようにしてきた。今、自分のやっていることは、最後の瞬間に「ああ、オレの人生は良かった」と言うために必要なことなのかどうか。

幸せなゴールをイメージすると、結果そうなるためには、これは続けておきたい、このつきあいは重要でない、この仕事はやらなくていい、というものが案外はっきり見えてくる。50歳前後の人が、ゴールの方から残り30年の人生を見通せば、今まで重要だと思って必死になってきたことの中にも、なんだ、いらないじゃないかというものがたくさんあることに気づくはずだ。

僕の場合は、最後の瞬間のために重要と思えるもの、これをやっておかないと老後の楽しみが減るよな、というものは、「能動的行動」のプラスカテゴリーに入れて精を出す。あんまり重要ではないよな、と思えるものは、頼まれたらやる、しょうがないからやるという「受動的行動」のマイナスカテゴリーに入れている。

僕にとって「能動的」カテゴリーの代表が、トライアルバイクだ。バイクは若いころからやっていたけれど、59歳のときからこの3年は、山形県で行われるトライアルバイクの大会に出ている。今までは野山を走るだけだったが、トライアルは20ものいじ悪いセクションをクリアしなくてはいけない。正直言ってこれは苦手だ。しかし大会に出てくる人はみなうまい。全国から150人くらいのバイク野郎が集まって、山の中に分け入って1日100キロぐらいを走るのだが、バイクに6時間、中腰で乗り続けることになり、かなりきつい。ちょっとでも油断するとひっくり返っちゃうし、谷底に落っこちちゃう。山の険しいほとんど登山道みたいなところにも入っていくから、体力もだけど、集中力がとぎれたらおしまいだ。

見回してみると、僕みたいなじいさんはほかにいない。山形さくらんぼテレビというのが取材に来て、僕が転ぶとうれしそうにそれを放送する。恥は恥だけど、それにも増して楽しくてしょうがない。

僕はこれを、やれなくなるまでやろうと思っている。それが65歳なのか70歳なのかわからないが、まだまだ行けそう、という手応えはある。というのは、6時間完走しても疲労感がゼロなのだ。もちろん、そこまでのトレーニングを日ごろからしているし、栄養補給もうまくやっているからだが、61歳のじいさんのこの喜びというものは、おそらく25歳の兄ちゃんの100倍はある。

完走後は、マッサージの一つも欲しくなる。が、ここでマッサージに行ってしまったら、やっぱりじいさんじゃないか、ということになってしまうので、ぐっと我慢なのである。

なぜこの大会が大切かというと、この大会に毎年参加できる自分でいようとすると、どうやって健康や体力を維持しなくてはならないか、ということがおのずとわかるからだ。夏は山の中を走り、冬はスノーモービルに乗り換えて走り、雪がとけたらバイクに戻って調整し、大会に出る。この1年間のリズムが僕にとってはものすごく重要なのだ。

ほかにスポーツでは、ダイビングやスキーを「能動的」の方に入れている。一方、ゴルフは「受動的」カテゴリーだ。よく誘われるけど、「すみません、今週忙しくて」と断って、バイク乗りに行っちゃうのである。

実は58歳のときにバイクで大けがをし、14週間も入院したことがある。入退院を繰り返す中で、都合14か月も車椅子と杖で生活した。あのとき、もう、バイクはやめて、これからはゴルフぐらいにしようかな、と一瞬思ったけれど、待てよ、そうすると老人だよな、と考えたわけだ。「週末はゴルフ」という人間にはなりたくないぞ、と。ただ、ゴルフは70歳をすぎたら「能動的」カテゴリーに入れてもいいかな、とも思う。

自分の考えを本にまとめたり、講演したりという仕事は、ずっと続けていくつもりだ。だから、「能動的」カテゴリーだが、トライアルバイクみたいにパワーを注ぎ込むわけではないから、弱いプラスがつけてある。

ＵＣＬＡ（カリフォルニア大学ロサンゼルス校）で地域国家論をやっている学部は、僕の看板を掲げているし、中国には僕の研究家もいる、スペインに行くと３０

00人もの人が僕の話を聞きに来てくれる。そういう人たちがいる限り、僕も最新の考え方というものを論文にして発表し続けていかないと。「大前研一の言っていたことは正しいけど、今は世の中変わっちゃった」と言われたら、その人たちに申し訳ない気がする。それに、発言し続けるということに意味があるとも思う。ただ、僕はもうこの領域であまり興奮できない自分を自覚しているから、時間配分は相当落としている。そして、その時間をバイクやダイビングに回しているのだ。

「受動的」カテゴリーの代表が冠婚葬祭。中でも結婚式は、超でかいマイナスだ。僕は結婚式には出ない。今までにもほんの数回しか出たことがないが、出れば必ず後悔した。

あんなに金かけてワインだのシャンパンだの並べて、翌月からのガス代の支払いにもこと欠くような若い人が、いったい何考えてんの？　もっと有効な使い方ができないのかい。聞けば、結婚費用の7割を親が出してるという。そんな虚飾に金を払うような親を持っちゃいかんよ。生い立ちビデオ、花束贈呈に至っては、なんでこんなことをあらたまってするのと、あきれてしまう。

「とりあえずビール」が人生を狂わせる

「バイクだ、スキーだ、執筆だ、講演だ、とよくそんなに時間がありますね」、と言われるが、当たり前である。僕には、まったくやらないことがたくさんあるのだ。

まずプロ野球は見ない。ああいうのは、シーズンが終わったら「どこが優勝したの」と聞けばそれですむ。それを毎日追跡して、1イニングごとに一喜一憂するというのは、いったいどういう情熱だろう。あんなことをシーズン中毎日やっていたら、確かに時間はなくなるだろう。それから、ゴルフも見ない。ただボールを追うだけのゴルフ中継をずっと見ている人の気が知れない。相撲にも興味がない。

ドラマも見ない。ドラマなんてどうせウソなんだから、同じウソなら、小泉首相のウソや北朝鮮のウソを見ている方がずっとおもしろい。だからニュースは見るけどドラマは見ない。世界遺産を紹介する番組とかは好きだから、放映後にビデオをシリーズで買ってくる。で、それを、2時間くらい時間が空いたときに見る。

だから僕は時間が足りないどころか、余るほどなのである。で、余った時間に何をするかというと、たとえば今度トルコに行くとしたら、パソコンで情報を集めたり、デジタルアルバムの整理をしたり、と、こういうことが好きなのである。

日曜日の夜には、まとめて友人・知人にメールを書く。僕は、何かで世話になった人に、2か月後に会って、「あのときはお世話になりました」なんていうのは、無礼だと思っている。世話になったのなら、その週のうちにメールを打つ、これは鉄則だ。たいして時間は使わない。毎日野球中継を見ることに比べたら、何でもないことである。

最近気になっていることを一つ。飲みに行って、「とりあえずビール」とオーダーする人をよく見かけるが、実におかしな人たちである。欲しいものがあれば、それを頼めばいいのに、「とりあえず」って何だ？　と思う。「とりあえずビール」の人というのは、家に帰ると、とりあえずテレビのスイッチを入れ、野球をやっていたらとりあえず最後まで見てしまう。休みの日も、とりあえずだらだら寝たり、テレビを見たりして過ごしている、に違いない。

「とりあえず」はやめなさい。これが人生を狂わせる。50歳になり、最後の瞬間に「ああ、オレの人生は幸せだった」と締めくくりたいと思っているのなら、「とりあえず」の時間をつくってはいけない。積極的に自分の時間表をつくり、意味のあることに時間を振り向けていかなければ。

親が死んだとき泣きたくない

親に対しては時間もお金もものすごく使っていると思う。僕は親が死んだときに泣きたくない。「あのとき、こうやってあげていれば」なんて言う人がいるが、そんなこと言うなら、なんでやってあげなかったのか。

親の方が先に死ぬことはわかっているんだから、自分のことより親のことを考えなくてはいけない。親にも「ああ、いい人生だった」と死んでもらうためには、どうしたらいいのかを考えなければいけないのだ。

だから、親には、「やりたいことはないか」「どういうことに興味があるのか」と、しょっちゅう聞いて、希望があれば、僕の時間とお金が許す範囲で全部やってもらっている。あそこへ行ってみたい、と言われたら、必ず実現させる。

だから、僕はおやじが死んだとき、涙の「な」の字もなかったし、「これをやっておいてあげたかった」という思いもまったくなかった。

おふくろは、今85歳だが、「何か欲しいものがあるか」と聞いたら「もう天国に持っていくものが、トラック3台分あるからいらない」と言う。おふくろが亡くなっても彼女は大往生。僕ももちろん泣いたりしないだろう。

僕も昔は、親の言うことなど何も聞かない生意気な息子だったけれど、あるとき、親の力と僕の力が逆転して、あっちが僕の言うことを全部聞くようになってしまった。そのときから、僕は親に対して責任を感じ、以来、自分のことより前に親のことを優先させてやってきた。

僕が言っている人生の棚卸しとは、こういうふうに自分のことだけでなく、子供、親、兄弟に対しても及ぶものである。僕がこういう形で死んだら、カミさんと息子はどうする、ということを考えるための棚卸しを、僕は10年に1回ずつやっている。50歳前後で棚卸しをするなら、必ず家族も視野に入れることが大切だ。

都知事選敗戦というわが50代挫折体験

政策ではなかった

1995年、52歳のとき、僕は東京都知事に立候補し、敗北した。青島幸男170万票、大前研一42万票。僕が自信を持って打ち出した政策は、有権者の支持を得られず、「都政から隠しごとをなくします」というスローガン一つで、具体的な政策など何も示さなかった青島さんが圧勝したのだ。

傲慢《ごうまん》に聞こえるかもしれないが、実は、これが僕の人生初めての大きな敗北である。この50代の挫折体験がどんな意味を持つものであったのかを、ここでは振り返ってみたいと思う。

僕は「日本を何とかしたい」という熱い思いを、高校時代から抱えていた。マッキンゼーには23年いたが、在職中にすでに政策提言型市民集団「平成維新の会」を立ち上げ、活動を始めていた。

93年の総選挙では、「平成維新の会」が推薦した108人の候補者のうち82人が当選。全員が僕の提言した「平成維新」という理念に共鳴してくれていたから、これで日本も少しは変わるのかな、と期待を抱いた。

だが、当選した82人のほとんどが、当選してしまえばそれっきり。推薦にあたって、当選したら僕のつくった法案を通します、とサインまでしたにもかかわらず、国会に提出された法案は2本だけ。政権につくとみんな保守的になってしまう。もう、政治家の応援団ではダメだ、自分でやるしかない、と思ったのはそのときだ。

94年にマッキンゼーを退職、退職金をつぎ込んで東京都知事選に立候補した。が、かすりもしない、大差をつけられての完敗だった。

どうして、僕が青島幸男さんに負けたのか？　青島さんは具体的なプランを何一つ示していない。一方、僕の政策は、長年にわたる思考鍛錬、3年間の市民運動の総決算とも言うべきもので、斬新かつ具体的だ。政策さえわかってもらえれば、必ず勝てると確信するほどの自信作であった。

ところが、都民は青島さんを選んだ。つまり、政策は勝敗にはまったく関係がなかった、ということである。

負けてはっきりわかったのは、大前研一はこの世界に向いていない、ということだ。僕はそれまで、選挙もマーケティングを応用すればうまくいくような気がしていたのである。しっかりした分析に基づいて行動すれば、必ず成果は上げられると考えていたのだが、そうではなかった。

選挙ではみんなイコール

選挙運動も最初は驚くことばかりである。レストランで食事中に、いきなりポーンと背中をたたかれ「大前、おまえに入れてやるからな」。花見客の行列に頭を下げていたら、酔っぱらいがよろよろ出てきて「大前、こっちに来て飲め」。見知らぬ人におまえ呼ばわりされ、そのギャップに気持ちがついていけない。「このやろう、大前なんて呼び捨てしやがって、みんなの国をよくしてやろうってがんばってるのに、呼び捨てはないだろう」と、心の中で悪態をつきながらも、頭を下げなければならない屈辱感。

しかし、僕は驚くべき速さで新しい世界に適応した。あんなに抵抗があったお辞儀が、反射的に出てくる。2週目に入るころには、通路を犬がパーッと通り過ぎても頭を下げちゃうほどになっていた。「とげぬき地蔵」では、ごく自然におばあちゃんの手をさすりながら、「おばあちゃん、たのみますよ」とやっていた。「あれ、オレ変わった?」と本人も驚くほどの変身ぶりである。

おばあちゃんも1票、酔っぱらいも1票、社長もフリーターも同じ1票。すべての人がイコールに見えだした。それまでの僕は、無意識のうちに、ベンツに乗っている人を軽自動車に乗っている人よりも上に見て、大切に扱っていたのかもしれない。企業社会で育っていると、そんな差別意識が頭の中にこびりついてしまうのだ。だが、選挙ではみんなイコールである。

そういう目で新宿駅を歩く人を眺めてみる。投票率が5割、ということは、目の前を歩いている人の半分は投票所に来る。そのうちの半分に「大前」と書いてもらわないと当選できない。すなわち25%。大変だぞ、これ。自信満々だった僕が、初めて不安を感じたのはこのときだ。

それまで「人々」というのは抽象名詞で、一人ひとりに顔なんかなかった。きっと僕は興味がなかったのだ。ところが、その「人々」の中の4人に一人が僕に票を入れるかどうかを、試される。

僕は、それまで世界経済や日本のあり方や東京全体の問題については、真剣に考えてきた。でも、桜の下で酒盛りをするおっちゃんや、とげぬき地蔵に通うおばあさんの暮らしについて、考えたことがあったのか。街の人の中に入っていったとき、心を通わせられるような会話ができなかったのはなぜか。もしかしたら、今までの自分は傲慢でイヤーなヤツだったのではないか。

選挙運動中に、僕は自分の内部の問題に、初めて気づいたのだ。

大和言葉が使えない

都知事選に負けた翌週、僕はオーストラリアへ行き、砂漠を4輪駆動車で走っていた。走りながらも、「なぜ、オレが青島に負けたのか」ということが頭から離れない。

僕は「都政は経営だ、経営のプロにまかせろ」ということで綿密なプランを都民に示した。青島さんは「都政から隠しごとをなくします」というポスターだけだ。「それなのに、なぜ、オレが……」そのとき、どうしてなのかわからないが、突然、テレサ・テンの『つぐない』のワンフレーズ、「愛をつぐなえば別れになるけど」

が頭に響いてきたのである。

それを聞いて、「そうか」と気がついた。青島幸男は「都政から隠しごとをなくします」と大和言葉で語っている。テレサ・テンの「愛をつぐなえば別れになるけど」も大和言葉だ。

ちょっと待てよ、オレは、この世界が苦手なんだよ。愛をつぐなって、なぜ別れになる？　冗談じゃない、なぜ別れるのかオレは理屈を聞きたい。と、こう考えてしまう大前研一は浅はかだった。

「都政から隠しごとをなくします」は都民の心に響く。でも、「都政は経営だ。経営のプロに任せろ」は大和言葉じゃない、心に響かない。なんだか妙に納得してしまった。やっぱり青島の勝ちだ。この世界は、自分のいるべき世界じゃない。だって、大和言葉は僕の自然言語の中にはないのである。

日本に戻ってから、なんとずっと僕を応援してくれた加山雄三さんから、オーストラリアで僕が感じたのと同じことを指摘されてしまう。「『平成維新』だなんて、わけのわからないことを言うな。『いい国つくろうよ、君といる国が一番幸せだ』と、こういう感覚で『いい国つくろう』と言ってりゃいいんだ」

その通りである。僕は丸の内や大手町のサラリーマンが使う言葉で、都民全体に話しかけていたのだ。

敗戦で得たもの

敗戦後、僕は『大前研一敗戦記』（文藝春秋）という本に、選挙を巡る顚末《てんまつ》を書き、それまでの政治活動をオールクリアした。まったく思い残すことなし、残尿感なし。スッキリしたものである。

敗戦後の僕は、はっきり言って別人である。人と争わなくなったし、同じことを伝えるにも、言葉を選ぶようになった。

以前は飛行機に乗っていて、ちょっとでも気に入らないことがあると、客室乗務員を呼びつけて、ああだ、こうだ、と文句を言ったものである。だが、今は、99％言わずに我慢する。

どうしても言わなければ、というときは、トイレか何かに立ったときに、ニコニコしながら近づいて、「昔はこんなんじゃなかったから、僕もちょっと勘違いしてたけど、最近はこうなの?」なんて聞く。相手から「やっぱり、良くないですよね」という言葉を引き出して、さらに「私の方で報告しておきますから」という言葉を待って「そうだね、その方がいいよ」と、こういう態度である。

選挙前の僕は、ほかの人間が我慢することを当然と思っていた。なぜなら、「正しいことを言っているのは、オレだから」という理屈である。どっちが正しいか、何が正しいか、だけが、僕の基準のすべてだったように思う。でも、世の中というものは、それじゃ通用しない。正しくても、言ってはいけないこともあるということを、50歳を過ぎて僕はやっと気づいたのだ。

マッキンゼー時代の部下は、今の僕を見て「大前さん、仏様みたいですね。やっぱり年を取ったんですかね」などと失礼なことを言う。マッキンゼーのころなんて、悪いところをたたき、こてんぱんにしてやるのが愛情だと思って、言いたい放題だったから、相当イヤな上司だったはずだ。

僕自身は、実は、こういう角のとれた大前研一は、あまり好きじゃないのだが、もうこうなってしまったのだからしょうがない。マイルドな大前研一とつきあっていくしかないし、それはそれでおもしろいかもしれない。

こうやって振り返ってみると、敗戦で失ったものは、つぎ込んだ退職金くらい。

プラスマイナスしたら、断然プラスの方が大きかったように思う。

50歳の僕の挫折体験は、僕自身を大きく変えた。僕のふるまいが変わると、周りの態度も変わり、空気も変わる。和やかに、おだやかに語り合うのもいいものだと思うようにもなった。この年にふさわしい、枯れた味わいが出てきたのではないかと思うのだが、どうだろうか。

第三章　第2の人生に備える

自分の人生のバランスシートをつくってみる

定年後に向けてまっ先にやるべきは、人生のバランスシートを作成することである。

第2の人生を充実させるには、経済的な基盤がしっかりしていることは欠かせないが、先述したとおり、50代は安全地帯に逃げ込めたラッキーな世代。定年後の急激な暮らしの悪化を心配する必要はまずない。にもかかわらず、50代の十中八、九は、老後に漠然とした不安感を抱き、「何とかしなければいけない」と思いながら何もしないでいる。こういう毎日から抜け出したかったら、今すぐ紙と電卓を用意して、自分の人生のバランスシートをつくってみるといい。

意外とあるキャッシュフロー

まず、50代の今の時点で、預貯金や積み立て型の保険、株式や投資信託といった資産はどれだけあるのか、自宅の時価評価額はどのくらいなのかをチェックし、これらをおおざっぱな数字でいいから、紙の左側に書き出してみる。住宅ローンはあと10年分ぐらい残して返済中の人が多いと思うが、その残債分を、その他の負債とともに紙の右側に書く。

これが、現時点でのあなたのバランスシートだ。50代は、まだ教育費の負担が大きい世帯も多いので、金融資産は1000万円もあれば相当恵まれた部類だろう。これを低金利時代の今、定年までにどこまで増やせるかは、あなたの資産運用能力次第。普通預金や郵便貯金に入れっぱなしというのは論外である。大学受験に傾けるのと同じくらいの情熱を持って、資産運用の方法を勉強することをお勧めする。外貨建ても含めた、ファンド、信託等に分散すれば、4～6％ぐらいで回せるはずだ。

一方、主たる負債である住宅ローンについては、バブル時に家を買い換えた人は別として、だいたいにおいて、心配はいらないのではないか。というのは、今の50代が家を買ったのは約20年前のバブルが始まるか始まらないかという時代であり、うまくいけばピーク時の半値くらいで購入できているケースが多いからだ。返済はさほどシビアではないから、定年までに完済できる見通しの人がほとんどだろう。

つまり、定年時にはある程度の金融資産を持ち、住宅ローンの支払いが終わっている、さらに退職金も入ってくる、というのが、今の50代のサラリーマンが引退するときの一般的な姿なのだ。統計的には、それまでの蓄えと退職金を合わせて、2000万円から2500万円がキャッシュに近い形で手元にあるということになる。そして、ラッキーなことにこの世代は、年金も月々約30万円ずつ受け取ることができる。

どうだろう? これまでのあなたの認識と比べると、お、案外余裕があるじゃないか、ということになったのではないか。40代以下の世代は、気の毒なことだが、本気で老後の生活防衛を考えないと間違いなく大変なことになる。しかし、50代のあなたの老後は滑り込みセーフで安泰なのだ。

無駄遣いをしなければ、夫婦二人が月々30万円で生活していくのは難しくない。ということは、手元に残った2500万円は、あなたが第2の人生を充実させるために、好き勝手に使えるわけだ。この数字が月々20万で、手元に残ったものが1500万円であっても、家のローンが完済されていれば、なんとか暮らしていける。もうむやみに不安がるのはやめ、出世や保身に汲々とするような働き方も改め、人生そのものをよりよく全うすることに集中しようではないか。

いざというときは、保険でカバー

とは言っても、やっぱり「いざ」というときが心配だ、老後の蓄えをしておかなければ、と考えてしまうのがわれわれ日本人の特徴である。今、1400兆円と言われる日本人の個人金融資産のうち、半分以上を保有するのは60歳以上の高齢者だ。統計的に見ると、日本人は65歳で定年退職するときに、2500万円の金融資産を持っている。そして、年金生活が始まると、なんと毎月の年金の約30％をコツコツと貯蓄に回し始めるのだ。

あの長寿のおばあさんとして国民的な存在だったきんさん、ぎんさん姉妹は、100歳を超えてもなお、「老後に備えて」貯金をしていたという。「いざ」というときは、いったいいつ到来するのか。まあ、これは極端な例としても、備えがないと今を楽しむことができないのが日本人の性《さが》なのだろう。

この年金を貯蓄せずにはいられないという感性は、世界的に見ても実にユニークである。そもそも年金生活とは、それまでの蓄えを少しずつ取り崩していくことで成立させていくものなのだ。老後の生活とは本来そういうものであり、そのために現役時代から蓄えておく、これが世界の常識だ。

ところが、日本の年金受給者は貯めまくる。この調子でいくと、80歳のときには3500万円くらいまで増えちゃうわけであるが、いったいどうするんだろうね、そんなに貯め込んで、と僕なんかは首をかしげてしまう。

死ぬときに3500万円の金融資産とローンが終わった家をドラ息子にくれてやれば、感謝されるかもしれない。だが、自分のやりたいことを我慢して節約し、いざというときに備えてきた結果、ああ、もっと自由に生きたかったと、悔いを残しながらあの世に行く。おいおい、そういう人生で本当にいいのか。人生を楽しむということは、時間と金をそっちの方向へ振り向けるということなのに、来るか来ないかわからない「いざ」というときに備えて、その楽しみをあきらめるなんて本末転倒ではないか。

だから、引退したらもう、老後の蓄えはやめよう、自分で貯めた金は死ぬまでに有意義に使いきっちゃおう、というのが僕の提案だ。もちろん、大病を患ったり、突然事故に遭ったりという危険は常にある。家族が長期の入院でもすれば、まとまった金も必要だ。そういう事態をカバーするのが、保険である。

保険料が多少かさむことになっても、もしものときにがっちりカバーできるだけの保険に入っておく。それで十分ではないか。ところが、今の高齢者を見ると、保険にも入るわ、貯蓄も持っているわで、二重にプロテクトをかけているケースが多い。これは実にもったいないことである。

なお、保険は年を取るほど入りにくくなるので、これから保険を検討する人にとっては、50代は最後のチャンスだ。その面からも、このタイミングで自分の人生設計を行っておくことを、ぜひともお勧めしたい。

死ぬときは貯蓄ゼロでいい

死ぬときまでに貯蓄を全部食いつぶしてゼロにしよう、と思ったとたんに目の前に広がる世界はゴージャスである。

平均寿命の80～85歳まで生きるとして、最後の数年は出不精になるだろうから、アクティブに動き回れる年齢を仮に75歳までと想定し、65歳から75歳までの10年間で使い切る計画を立ててみよう。65歳の時点での貯蓄額は2000万円から250

0万円。これに、65歳から75歳までの10年間に従来なら年金から貯蓄に回してきた分を合わせると、少なく見積もっても10年間で約3000万円。今までより毎年300万円ずつ多く使わないと、ゼロにならないという計算になる。普通に生活しているときに必要な支出のほかに、夫婦で300万円、一人150万円ずつ毎年余計に使う。これはかなり使いでがある。今どきヨーロッパ旅行に行っても、一人50万円はかからないから、夫婦で年に3回行けるということになる。韓国垢すり旅行なら1回ひとり2万9800円だから、年間50回。その気になりさえすれば、毎週末、夫婦で韓国へ飛び、焼き肉を食べ、垢すりをしてもらうという生活もありだ。

とまあ、かなり派手に使っても、余っちゃうという現実が見えてくるわけだ。こういう計算を目にすると、必ず「75歳から後はどうするんですか。90歳まで生きちゃったら困りませんか?」という質問をする人がいる。なぜ、困るのか。年金はずっと受け取れるのだから、予定より長生きしちゃったときは、自分の年金だけでやっていく。もう蓄える必要もないのだから、普通の暮らしは十分維持できる。もしものときは保険がある。

このパターンでいってみようよ。日本中の高齢者がそうやってくれれば、実は景気だって一気に回復しちゃうのである。

家を建て換えよう

実は高齢者が資産を貯め込んでいることが、世の中にお金が回らない大きな理由の一つになっている。

そこで、僕が以前から言っているのが、高齢者は自宅を建て換えなさい、ということだ。それも、生命保険を担保に借金をするなどの方法で、なるべく自分の金は使わずに建て換えることをお勧めする。

若いときにローンを組んで建てた家は、退職するころは築30年以上ということが多いだろう。古いローンの支払いも終わっている。「もう先は長くないのに、今さら」と思うかもしれないが、人生80年の時代である。60代で建て換えても、新しい家にあと15年や20年は住める計算だ。

どうせ建て換えるなら、阪神・淡路大震災クラスの地震が来てもつぶれる心配のない、ツー・バイ・フォー工法かなにかの快適なバリアフリー住宅なんかどうだろう。みんなが建て換えてくれれば、日本の景気は必ずやバリバリに良くなる。個人の人生の快適化だけでなく、経済までもがうまくいってしまうのだ。

このように、50代の時点で人生のバランスシートをつくり、死ぬときは貯蓄をゼロにするつもりで人生を見通せば、ゆとりのある快適な第2の人生のあり方が見えてくる。どうだろう？　あと25年くらいめいっぱい走れそうな気がしてきたのではないか。

億万長者はかならずしも幸せではない

仕事の中身で決まる報酬

会社の中で勝ち残ることができる人間がごくわずかであることは、前述したとおりだが、社会全体として見ても、ほんのひと握りの年収3億円プレーヤーと年収300万円で立ち止まっている大多数、という構図が生まれつつある。

もともと日本の会社は、アメリカなどと比べると構成員間の収入の格差が非常に小さかった。社長と新入社員の収入の格差だって、わずか8倍程度の中に収まってしまう。たとえば新入社員が250万円もらっているとすると、社長は2000万円である。一般的な会社の水準は、まあこんなものだった。

だが、こんなことはアメリカではあり得ない。クライスラーを立て直したリー・アイアコッカ氏とクライスラーの新入社員との収入差は、おそらく何千倍にもなっていたはずだ。

さらに、アメリカの場合は、同じ職種でも年収には雲泥の差がある。たとえば、銀行の窓口で業務している人の収入は、年収に換算すると250万から300万円程度。一方為替ディーラーや金融商品の開発担当は、その10倍、20倍の年収を軽くたたき出している。日本人の感覚からするとどちらも同じ「銀行員」だが、アメリカでは仕事の中身によってこれほどの差が出てくるのだ。

日本の銀行員は、定期預金を集めて回るだけの営業マンであっても、ある程度の年齢に達すると、大卒入行組として1000万円前後の収入を得ることができる。しかし、アメリカではそうはいかない。ハンバーガーショップの店員と同様に、マニュアルどおりに働けばいい単純作業に対しては、それ相応の報酬しか払われないのがあちらの常識なのである。

すでにアメリカでは、稼いでいる人と稼いでいない人の収入の格差は、100倍以上になっている。3億円くらい稼ぐコンサルタントはいるし、トレーダーや投資銀行でM&Aの仕掛け人として活躍しているような連中も、だいたいこのくらい稼いでいるだろう。

トレーダーやM&Aのスペシャリストなんかは、ディール（取引）ベースで収入が決まってくる場合が多く、条件のいい取引を当てた年は、年収が30億円くらいにまで跳ね上がる。が、これもアメリカでは決して珍しいことではない。

年収３億円、30億円なんていうのは、イチローや松井秀喜選手の世界だと思っていたかもしれないけれど、今あげたようなスペシャリストの世界では、年収３億円なら低い方だ。アメリカの上場企業の会長の年収は、平均９億円。トップクラスになると30億円。ウォルマートの創始者サム・ウォルトンの一族など、株を持っている場合は３０００億円もらう人もいる。

マッキンゼー時代の僕の同僚のルイス・ガースナー氏は、ＩＢＭに行って成功し、「世界のＩＢＭを変えた男」と呼ばれているけれども、ああいうヤツを引き抜こうと思ったら、移籍料はやっぱり１００億円を下らないだろう。稼ぐヤツはとんでもなく稼ぐ、そういう時代なのだ。

日本にも年収格差の波

こういう現象が起こったのは、アメリカでは20年くらい前、レーガン革命の後のことだが、今日本にも、その波が押し寄せつつある。

日本でも同一職種内の収入格差は大きく拡大してきている。たとえばプログラマーという職業は、単にプログラムを書くだけなら、徹夜を繰り返して納期に間に合わせるような重労働であっても、年収300万円程度の仕事とみなされる。中国やインドのプログラマーにいくらでも任せることができる作業なので、競争環境は厳しく、がんばっても年収の上昇は期待薄だ。

ところが、顧客企業と話をし、業務内容を理解した上で、コンピューターのアーキテクチャーを考えるプログラマーであれば、一気に年収3000万円となる。こういう仕事は、他国のプログラマーに任せることは難しく、優秀な人材は常に不足しているという状態だ。年収数千万円プラス報奨金付きででもできるヤツを獲得したい、これが経営者の本音だろう。

この上にさらに高額な年収をとれるプログラマーがわずかながら存在する。彼らは顧客企業に対して「業務内容をこう変更すべきだ。そのためにはこんなシステムを開発したらどうか」とコンサルティング業務までこなせる人材である。このクラスになると年収は3億円にまで跳ね上がる。

同じ職種でも、年収300万円から3億円まで、格差100倍の時代が日本にもやって来たのだ。

今、日本でも30代で特殊技能を持った人たちの間から、億円プレーヤーが次々と生まれている。トレーダーの世界で３億円ぐらい稼ぐような人たちは、ほぼ全員が30代。40代になると確実にキレが鈍ってくるので、その時点で方向転換をする人が多いから、30代のキレのいいヤツばかりが、常に活躍するという世界だ。

投資銀行やコンサルティング会社など実力がモノをいう業界では、年収が一番高いのは30代の社員たちだし、社員間の年収格差が最大になるのも30代である。30代で年収のピークを迎えるというのは、世界的に見てもごく普通のことだ。

僕もマッキンゼー時代は、１週間くらい寝ずに買収交渉を続けるなんてことを何回もやった。馬力をかけてものすごいタフな交渉をして、話を詰めていく。弁護士や会計士が途中で次々にダウンしていく中で、頭をフルに回転させせながら、最後まで走り続ける体力というのは、やはり30代のものだったと思う。

そういう意味で、年収が30代でピークを迎えるということは、技量や働きに見合った実に合理的な報酬のあり方である。言い換えれば、年収格差１００倍の時代とは、実力に応じて給料が払われる時代であり、技量や体力が落ちていく40代以降は、当然収入の目減りを覚悟しなければならないということだ。

幸せ関数の最大値は

ただ、そんなに稼いでいったいどうやって使うんだい、使い道があるのか、という気はする。僕には、世界中に年収3億どころか30億の友人も多いけれど、そんな大金を手にしていったい何をやっているかというと、これがみんなあまりいい人生じゃないのである。

そういう人たちの住んでいる家は、確かにすごい。高級住宅地に豪邸を建てるという方向にはすぐ飽きちゃって、ヨーロッパのお城を丸ごと買うとか、そっちの方向にたいてい走る。で、手に入れると自慢したいもんだから、「遊びに来い、来い」と知人友人を招待するわけだ。

来客に対してまず行われるのは、そのでかい家の端から端までのお披露目だ。時間をかけて案内してもらったあと、僕は思わずたずねる。「おい、夫婦二人で住むのに、こんなに広い家が必要なのか？」。そしたら、「いらない。広すぎて夜、怖いんだよ」って。

こういうのは、なんか違うなあ、と彼らも思っているわけだ。今住んでいる家の10分の１の庭と10分の１の部屋数でも十分すぎるほどだ、ということはわかっている。それなのに、金が余っていると、ついこういう使い方をしてしまう。

あるいは、別荘を世界中に買いまくるという方向もある。世界十何か所に別荘を持っているヤツに「去年、そのうちいくつに行ったの？」と聞くと、答えは、まあ、せいぜい二つ程度である。そんなに持っていても、全然使い切れていないのだ。

買収した会社を高く売りつけることに成功して、大金持ちになった友人もいる。この人が何を買ったかというと、「フェッドシップ」という世界旅行もできるオランダ最高級のクルーザーと、「ガルフストリームⅣ」というビジネスジェット機。もう大きい家も別荘もたくさん持っている、さらに大金を手にした、となると、金の使い道ってこのぐらいしか残っていないのである。

それで、僕のところにしょっちゅう「フェッドシップに乗りに来い。シンガポールから島巡りをするぞ」といった誘いの電話がかかってくる。「ちょっと都合がつかない」なんて断ったりすると、この上なく寂しそうな声で、「ジェット機で迎えに行くから、時間はとらせないよ」なんて言う。「シンガポールなんて成田からすぐだから、ジェット機なんてよこす必要ないよ」と答えると、さらに寂しそうな声になる。そんなにすごいものを持っていても、来てくれる人がいなければ、ちっとも楽しくない。

この人はロサンゼルスに自宅があるんだけれど、僕がロサンゼルスに行ったときに、「いっしょに飯でも食おう」ということになって、寿司を食べに行ったことがある。三流の日本料理屋の安っぽいイスに座り、プラスチックの皿に醤油の海みたいなのをつくって、ごはんがグチュグチュになるまで寿司を浸し、「やっぱり、日本食が好きなんだなあ」とか何とか言いながら食べている。その光景の寂しさといったらなかった。

僕の知っている金持ちはみんなこんなぐあいで、余った金をうまく使えていないのだが、その唯一の例外が、あるスイス人の夫婦だ。彼らはアフリカのエイズ地帯に乗り込んでいって、学校をつくることに情熱を燃やしている。私費を投じて学校をつくり、完成すると別の村に移ってまたつくる。

現役のころは、目の色変えて仕事ばかりしていたせいで、夫婦仲も相当悪かった。今はすっかり仲良くなっちゃって、なんと二人でアフリカである。「毎年アフリカに行くのが楽しみだ」と顔を輝かせているのを見ると、あの仕事の鬼が、ついにこういう境地に達したか、とちょっとは感慨深いことである。でも、「僕も、行きたいな」という気持ちにはなれそうもないけれど。

大金持ちになった彼らは、例外なく貧乏な家の出で、強烈なハングリー精神の持ち主だ。苦労してチャンスを摑み、這い上がるには、運や才能だけではダメで、必ずや成功してみせるという意志の力が必要なのだろう。で、そんな彼らを親に持つ、二世たちはどうかというと、これがまた例外なく見事にダメ息子、ダメ娘ぞろいなのである。恵まれすぎた環境にすっかりスポイルされてしまうのだ。だから、たまに集まったときも、互いに気を使って子供の話はしないようにしている。そういうのを見ていると、しみじみ思ってしまうのだ。やっぱりこいつらそんなに人生楽しくないんだな、と。

だから、僕がここで言っておきたいのは、老後の幸せ関数というものがあるとしたら、それは、老後の蓄えの金額に比例して大きくなるものではないということである。貯蓄が1億円ある人と10億円ある人の老後の生活の豊かさに、差はないと言っていいだろう。余分な金をいくら持っていても、その分だけ幸せになれるわけじゃない。友人たちの例のように、むしろ寂しさが募るものなのだ。

それでは、幸せ関数はどこで最大値をとるのか。２５００万円の蓄えと月々夫婦で30万円の年金で、ちょっと贅沢《ぜいたく》をしながらも悠々と暮らす、僕はこのあたりがピークであるような気がしてならないのだ。

やりたいことは先に延ばすな、今すぐ始めるべきだ

老後の夢は絵に描いた餅

50歳前後になったら、定年後を見据えて第2の人生を充実させるために準備に入るべきだ。まだ早いと思うかもしれないが、そんなことはまったくない。あなたが40代後半なら、今すぐ、準備にとりかかることをお勧めする。

会社にいるのはあとせいぜい10～15年。80歳まで生きたとして定年後は15～20年続く。これからの人生、会社から離れた時間の方が長いのだ。

数年前に出版した『やりたいことは全部やれ！』（講談社）にも書いたことだが、僕は今まで大勢の経営者に会って仕事をしてきた。彼らはそれぞれに老後の夢を持っていた。「引退したら、毎日ゴルフでもやってのんびり暮らしたい」「家内と二人、カメラを抱えて世界中を撮影旅行して回りたい」「故郷に帰り、毎日釣りをして暮らしたい」「オーストラリアに永住したい」……。

ところが、この中に夢を実現させた人は一人もいない。というのも、こういう時代、立派に勤め上げて円満退社、という美しい終わり方をするのは難しいのだ。予想もしなかったことが会社で起こり、たまたまトップにいたため経営責任をとって辞任、なんていうパターンがけっこう多い。

休む間もなく働いたために、トップの座にいるうちに急逝してしまうケースも少なくない。また、トップの座に80歳くらいまで居座り、会社人間でなくなったとたんに老人ホームへ、という人もいる。

いずれも、老後の夢が絵に描いた餅で終わっている。働きづめに働いてきた結果がこれでは、あまりに気の毒だ。

アルバムの整理に追われる

幸いにして、引退できた場合も、すぐに問題が出てくる。僕の知り合いに晴耕雨読を夢見て、退職後田舎に移り住んだ元トップがいる。引退後会ってみると、彼は夢を実現させたはずなのに、ちっともしあわせそうじゃない。

彼が言うには、「晴耕雨読にはすぐに飽きる」。都会にいれば、いろいろな刺激がありたら飽きたでほかの選択肢があっただろう。しかし、田舎に引っ込んでしまった彼と奥さんは、田舎ですっかり煮詰まってしまったらしい。

釣りもゴルフも旅行も同じだ。いくら「ゴルフ三昧《ざんまい》」が夢だったとしても、退職後毎日続けていくのは無理だ。毎日やるためには、相手を見つけなくてはならない。同様の境遇のゴルフ仲間がいたとしても、毎日その人が相手では互いにつまらない。

フロリダなどでもそういう生活をしている人を見かけるが、惰性でやっているか、ボケ防止のためにやっている、という感じであんまり楽しそうじゃない。

「世界中を旅して写真を撮りたい」と言っていた人も、写真はやめてしまったと聞く。在職中は、海外の出張先で撮った珍しい写真を見せれば、感心して見てくれる部下がたくさんいた。

ところが引退してからは、エジプトあたりに出かけて、どんなにすばらしい傑作を撮ってきても、昔の部下が見るために集まってくれるわけではない。子供や孫でさえ見てくれない。結局、いっしょに出かけた奥さんと、アルバム整理をしておしまい、である。

「毎日釣りをして暮らしたい」と夢見る人は多いが、釣りはたまにやるから楽しいのである。「毎日」となると漁師みたいなもので話は別だ。

そもそも釣りを趣味にするには、釣ってきた魚をありがたがって食べてくれる人の存在が欠かせない。年老いた奥さんが、本気で毎日喜んでくれるとは考えられないし、二人で食べきれる量もたかが知れている。

都会に住んでいれば、ご近所にお裾分けもできるだろう。だが、故郷の漁村に引っ込んでしまっていたりすると、配る相手もなく、ほかに楽しみも見つけにくい、こんなはずじゃなかったということになりがちだ。

趣味は旅行だけ、という人も多い。僕の知っている夫婦は1年に2回海外旅行に行く。彼らの楽しみはそれしかなく、二人の間の話題もそれだけ。今度チェコに行く、と決まれば、本を買い込んで来て一生懸命勉強する。帰国後は、写真の整理をして、思い出話を少々。これで半年もたせて、次の旅行の計画に入るというパターンだ。

定年退職後の日常というのは、1週間単位や1日単位での細かいスケジュールがまったく入らない。だから、半年に一度の旅行スケジュールに合わせて、そのことばかりを一生懸命やっている。帰ってきてからはだれに見せるでもない写真の整理だ。結構寂しい世界だとは思わないか。

老後は遊びのプロに

僕があえて、経営トップのハッピーでない定年後の姿を紹介したのは、この人たちには共通の失敗があるからである。それは、「今、やりたい」気持ちを、「定年後」に先送りしたことだ。あなたに、やりたいことがあるなら、やりたいと思っている今が旬である。先送りする理由など何もない。定年後に、それをやって楽しいかどうかわからない。今、やってみるべきなのだ。

僕には、バイク、ダイビング、ジェットスキー、スノーモービル、スキー、クラリネットなど、たくさんの趣味があるが、すべて若いころから慣れ親しんできたものだ。若いころからやっているから60歳の今もそれをやって楽しいのである。だから、やりたいことがあるのなら遅くても50歳前後までには、スタートさせるべきなのだ。

ジェットスキーだって、スノーモービルだって50歳の今始めれば必ず楽しめるところまでいける。だが、65歳で始めるには遅すぎる。

僕は以前、ジェットスキーを65歳の人に教えたことがある。彼は何とか乗れるようになったが、1回「乗れた」と言って喜んだだけで、あとが続かない。一方50歳で始めた人は、もう10年になるけれど、ずっと続いている。50歳にできて65歳にはできないことは、世の中にたくさんある。だからこそ、今、すぐ始めることをおすすめしたい。

経営トップの失敗から、ほかにも学べることはある。彼らはみな、釣り三昧、毎日ゴルフ……、とやりたいことがひとつであった。だから、すぐに飽きてしまう。考えてもみてほしい、定年後の時間は20年もある。20年間を埋めるアクティビティがひとつだけなんて、そもそも人生設計の仕方が間違っているのだ。

やりたいことを、いくつでも、今すぐに始めなさい。これが50歳前後のサラリーマンへの僕からのアドバイスである。仕事仲間とは違う遊び仲間がたくさんいる人生は、豊かである。そして、そのための準備を始めるには、50代がギリギリ最後のチャンスだ。

やりたいことを、今から始めておけば、毎日が日曜日の定年を迎えるころまでには、あなたには人生の楽しみ方が身についているだろう。老後は遊びのプロとして楽しみながら豊かに暮らしていける。やることがたくさんあって、飽きない楽しい人生である。それこそが、リタイヤ後の理想の生き方だと僕は思う。

時間がないは、言い訳にすぎない

「そんなこと言われても、仕事が忙しくて時間がとれない」というのは、言い訳にすぎない。忙しい、忙しいと言っているサラリーマンでも、ダラダラとテレビを見ていたり、ごろ寝をしていたりで、案外ムダな時間を使っている。こういう時間をリストラすれば、必ず好きなことをやる時間は捻出できるはずだ。

休日につきあいゴルフをやる時間があるのなら、その時間を振り向ければいい。仕事のあと同僚と飲みに行くかわりに、趣味のサークルに参加すればいい。テレビで野球、相撲、ゴルフを観戦する時間など、最も有力なリストラ候補だ。そんな番組は引退してからゆっくり見ればよろしい。時間はつくるものなのだ。

老後への思いは、顔に出る。第2の人生の充実した計画を持ち、オレはまだまだいけるぞ、という気持ちでいれば、50歳からの25年、30年は、元気でめいっぱい走れるだろう。そういう人の顔は若々しく、輝いているはずだ。会社人間はたいてい

65歳の退職と同時にしょぼくれる。だが、50歳で成仏し第2の人生に目を向ければ、75歳、80歳まで輝けるのである。

好きなことだけやる人生でいいではないか

他人の批判は気にしない

オールクリアしろ、成仏しろ、と繰り返し僕が述べているのは、その方がずっと生きていきやすいからだ。50歳にもなって、ファイティングポーズ丸出しで生臭く生きるより、成仏して自分の楽しみを追求した方が、ほとんどの人にとっては幸せだと思う。

僕自身、青島幸男さんの４分の１の票も集められずに都知事選に敗れたことで、すっかり成仏してしまった。人生に関していえば、何かを成し遂げたいとか、もうちょっと仕事をしたい、評判を上げたい、といった欲は一切なくなった。

どうせオレなんか青島幸男の４分の１しかとれなかったさ、人生の一番肝心なときに、４分の１以下だぞ、と思ったら、今さらマスコミで褒められようと、けなされようと、どうってことないよ、という気持ちになったのである。

こんな気持ちになる自分に、ほぉ、オレってこんなにも都知事になりたかったのか、と驚く反面、身軽になれたことがうれしくてたまらない。一度屈辱を受け入れると、人間こんなにも楽に生きられるのだ。

もう、悩むことなんて何もない。オレは一生懸命やってきた。そんなにおかしなことをやってきたつもりはないぞ。今は、若い人に囲まれて、まじめに人材育成に取り組んでいる。それを悪く言いたいヤツには言わせておけばいいじゃないか。

都知事選以降の大前研一は、自分はこういう考え方を持っている、こういう生き方をしている、それを人が何と言おうと平常心、何よりも平和が一番、と、こういう人間になってしまったわけだ。何だか知らないけど、本当に成仏しちゃったんだなあ、とつくづく思う。

仕事で疲れをためるな

成仏する前の僕は、普通の人ならスケジュール帳を見ただけで気絶するようなスケジュールをこなしていた。海外出張は、年間平均26回。ある年には、パンアメリカン航空のマイレージが年間50万マイルに達し、日本人客の中でトップの飛行距離となるほどだった。

自宅で食事がほとんどできず、カミさんに泣いて抗議され、「わかった、秘書に電話してアポイントを入れろ、そしたらスケジュールに入れるから」と答え、すごく怒られたこともある。その後はちょっと、心がけを変えたけれども、あのころは、そのくらい大変だったのだ。

成仏した今は、えらい違いである。健康第一、疲労は決して蓄積させない。人間50歳を過ぎたら、ポンコツ車で高速道路を長距離運転しているようなものだから、絶対に無理しちゃいけないのだ。

だから、スケジュールがちょっとでもタイトになりそうな仕事は、積極的に断ってしまう。風邪気味だと思ったら、仕事は全部キャンセルし、レモンハニーと風邪薬を飲んでさっさと寝る。

昔は、しょっちゅう徹夜をしていたが、今は、基本的にやらない。どうしてもというときはやるけれど、その後、必ずキャッチアップする。くたびれたと思う瞬間をつくらないように、仕事のスケジュールは慎重にコントロールしている。

一方、バイクやスノーボードなどの遊びのスケジュールは最優先して、前もって入れてしまう。前の年の夏のうちに、翌年の2月、3月の週末はスノーボードやスキーでビッシリ。ここにあとから入ってきた仕事は、どんな仕事でも当然お断りである。

行きたいところにしか行かない

講演旅行は、楽しめる形に持っていく。佐賀県の鳥栖《とす》で講演があったときも、宿泊先は、カミさんと以前テレビで見て、ぜひ、泊まりたいね、と話していた唐津《からつ》の洋々閣を、ちょっと遠いけれど訪問。前日に行って、おいしいものを食べて、翌日のお昼から講演をし、ついでにやまなみハイウェイをドライブして、夜には大分経由で帰ってきた。

以前なら「せっかく九州にいらっしゃるのだから、午後もう一か所で講演を」と言われれば、足を延ばしていたけれど、今は疲れるから絶対にやらない。

海外での講演の話は、僕が行きたいところとうまく合致すれば行く、そうでなければ、「忙しい」と言って断る、と決めている。

上海に講演に来てほしい、という話がこのところすごく多いけれど、それは「N

Ｏ」。上海は飽きるほど自分で行っているから、会場が上海なら行かない。同じ中国でも見たことのない場所なら喜んでいく。自分の中に行く意味が見いだせれば行く、そうでなければ行かない、実にわかりやすいではないか。

今年講演に行くことが決まっているのはトルコとブラジルである。トルコには見たい遺跡がいくつかあるのと、テレビで見たボスポラス海峡で渡し船をやっているおじさんに会ってみたいという理由から、二つ返事で引き受けた。

で、よし、トルコに行くぞ、と予定が決まる、そうすると仕事とはいえ、ワクワクしてしまうのが僕なのだ。目標が定まったとたん、なぜかトルコ関連の情報ばかりが目につく、耳に入る、そのうえ、ヒマさえあれば、Google で検索する。というわけで、僕はすでにトルコについては行く必要がないくらい、詳しくなってしまったのである。

今、気になっているのは、ドバイで建設中の水中ホテルだ。この前、ちょっと見たら結構すごいのができつつあって、来年完成予定だという。行きたいなあ、お呼びがかからないかなあ、と思っていたら、ドバイで講演を、という話がきた。残念だがちょっと早すぎる。「来年だったらスケジュールが空きますよ」と答えておいたのだが、これはかなり楽しみである。

成仏後の僕はかくもハッピーなのである。どうだろう？　あなたも成仏したくなったのではないだろうか。

残りの人生であと何回楽しめるか

50歳になる少し前から、僕は何をするときでも、「残りの人生であと何回」と数えるようにしている。たとえば、毎年ウィスラーにスキーに行くのだが、そのたびにゲレンデを見回して、自分より年寄りを探す。あの人は75歳くらいかな、あそこまで行くにはあと14回か。こんなふうに考えると、1回1回が貴重に感じられて、今このときを大切に丁寧に過ごそう、という気になるのだ。

ダイビングやトライアルバイク大会の会場では、どう考えても自分が最高齢なので、こちらはギネスに挑戦といった気分だ。自分の中で70歳までは、75歳まではと決めてカウントダウンしているが、1回もムダにできないぞ、という感じで集中できる。

僕は「残りの人生であと何回」と数え始めたことで、この楽しみは限りあるものだ、楽しめるときに楽しまなくちゃあとで後悔するぞ、ということに気づいた。トライアルバイクをやるなら今だ、ゴルフだったらもう少しあとでもいい、というように人生の中の楽しみ時みたいなものも設定できるようになった。

50歳前後というのは、人生の最後までを見通してカウントダウンを始めるには、最適の年齢だと思う。あと何回の夕食、あと何回の旅行、と数え始めたらどれも適当には流せなくなる。そうやって生きるあと25年、30年はとても密度の濃いものになるだろう。

やりたいことを10以上数えあげることができるか

春夏秋冬、朝昼晩楽しむ

第2の人生を充実させるための準備は、なるべく早く始めるべきだ。というのは、退職後に、カミさんと顔を合わせて、「さて、何をやるか」という話になったとき、つらいのは男の方なのだ。

女性はずっと家にいることに慣れているから、やることはいくらでも見つけられる。ところが慣れていない男は時間を持て余すばかり。せいぜい、ごろ寝にテレビ、それに飽きるとカミさんにまとわりついたりして、うっとうしがられるのがオチだ。

今、50歳前後のサラリーマンに、「老後やりたいことを10個書き出してみろ」と言ったら、囲碁・将棋、蘭の栽培など、朝日カルチャーセンターあたりで教えていそうな項目がポツポツ上がってくるだろう。それでもいくつか思い浮かぶ人はまだいい方で、ほとんどの人は、ごろ寝、テレビを除くと、読書ぐらいしか出てこないのではないか。

　今の時点で10個上げるのは無理であっても、60歳、65歳になったときに、「やりたいことが10個以上ある」ことは、その後の人生を充実させるための最低ラインである。

　やはり春夏秋冬、朝昼晩、雨の日も晴れた日も何かしら楽しめるものを、と考えると、10個ぐらいないともたないのだ。

　アウトドア系のものは、季節や運動量の異なるものを取り合わせて5種目くらい。前述したように、新しい種目に挑戦するなら、30代、40代、せめて50歳くらいまでには始めておきたい。50歳ならほとんどのスポーツを始められるが、65歳になっていきなり取り組めるものとなると、種類が非常に限られてしまう。

　10個のうち半分は、文化の香りのするインドア系が必要だ。インドアなら天候に左右されないし、体力が衰えてからも続けることができる。

　音楽は小さいころにちょこっとかじって、早々にあきらめてしまったとか、苦手意識があるという人が多いかもしれない。だが、最近のデジタル楽器は非常に優秀で、そういう人を助けてくれる機能がいっぱい搭載されている。片手でメロディを弾くだけで、フルオーケストラのサウンドが聞こえてきたり、和音を押さえるだけでリズムを刻んでくれたり。音楽の楽しさがだれにでも味わえるようになっているので、お勧めだ。

楽器の中で、弦楽器だけは50歳になってからのスタートではちょっと難しいかもしれない。でも、管楽器だったら何とかなる。サクソホーンやクラリネット、フルートあたりならいけると思う。

うちのカミさんは40過ぎてから篠笛を始めたんだけれど、今では人前で演奏会ができるほどの腕前。いつも周りに邦楽の仲間がたくさんいて楽しそうだ。

あの人は、おそらく、死ぬ瞬間まで笛を吹いているだろう。そのくらいのスゴイはまり方なのだ。遅いスタートでも、長く続けられるから、音楽系は必ず10個のうち1個は欲しい。合奏の楽しさは、ほかの何ものにも代え難いと思う。

ほかには、絵画でも、詩作でも、俳句でも、クラフトでも、なんでもかまわないが、いずれにしても手先のよく動く50代で始めることが原則だ。

65歳でいきなりは無理

僕の場合は、春、夏、秋は、オフロードバイク。冬になったらスノーモービル。蓼科《たてしな》にある山荘を拠点に、暇さえあれば走り回っている。それから、オーストラリアに行っているときは、ジェットスキー。

この三つを中心に、あとは釣り、スキー、スキューバダイビング。ボートの運転もできるから、釣りに行くときは船を借りて自分で運転する。

50代を通してずっとやっていれば、こういうスポーツが61歳の今もバリバリに楽しめるというわけ。きっと僕は70歳になってもやっていると思う。

前にも述べたが、バイクは、59歳から、トライアルバイクの全国大会に毎年出場している。この大会に出られる体力と運動神経を維持することが当面の僕の目標だ。

スノーモービルを始めたのは50歳くらいだけど、今では日本の超ベテランしか入れない長野県・奥志賀のカヤの平《だいら》という豪雪地帯でやっている。毎週日曜日にテレビの仕事があるから、金曜日の夜に東京を発ち、土曜日は一日中走り回って、日曜日の朝、東京に戻ってくるというパターン。楽しくて、冬場の週末は結構これでつぶれる。

ジェットスキーは始めて10年以上になる。危険なスポーツではないんだけど、ある程度若いときからやっていないと、臨機応変に身体が動かない。

やっぱりアウトドア系は、どれも50代の早いうちに始めないと、65歳でいきなりというのは、無理だと思う。

インドア系では高校時代からやっているクラリネットだ。雨の日曜日はクラリネットのアンサンブル。スポーツをする仲間とは全然タイプの違う仲間が揃っていて、これがまたいいのである。最近ちょっと下火になっているが、大学時代からいっしょにやっている管楽五重奏団の仲間もいる。退職したら毎日でもいい。音楽というのは一生のものだと思う。50歳過ぎて始めたオカリナとか、南米の楽器のケーナとか、こちらはちっとも上達しないが、いろいろ手を出して楽しんでいる。

デジタル系では、最近デジカメにものすごく凝っていて、現在、過去40年から50年分の写真のデジタル化プロジェクトを、一人でコツコツ進めているところ。これにより、古いものも新しいものもパソコンで同じアルバムとして見ることができるようになる。実は、こういう作業にははまってしまうタイプなのだ。

僕はマッキンゼー時代から、あんなに忙しいのに、あんなに遊んでいる、と周囲にあきれられていたが、成仏してからというもの、遊びの比重がさらに高まっている。まず、絶対に動かせないものとして、遊びのスケジュールを入れてしまい、残りの時間に効率よく仕事をしているという感じなのだ。遊びに関しては50代半ばからずっとこのパターンが続いている。きっと僕は死ぬまでこうやって遊び続けるのだろう。

いろいろな仲間とのつきあいを心がける

サラリーマン同士でつるむな

飲み友だちは会社の同僚、休みの日はつきあいゴルフというように、サラリーマン同士でつるんでいる人の老後は、間違いなく非常に退屈なものになる。在職中にサラリーマンとしかつきあってこなかったら、退職後はその関係をひきずるしかない。類が友を呼んで固まったら、そのままフリーズしてしまうのだ。

霞が関にあるビルの上の方に、三井系の退職老人ばっかりが集まってくる囲碁クラブがある。彼らは、40年以上つきあっている人たちと、毎週のように会っては、囲碁をやっているわけだ。

そこで話されているのは、「あの人は惜しくも亡くなったね」という知人の死亡・病気話か、「40年前おまえはこういうことをやった」という思い出話、「あの人が工場長になったとき、私を抜擢してくれた」という過去の自慢話のいずれか。うれしそうにやって来ては、それを毎週繰り返している。

言葉遣いからすると、在職中の上下関係が温存されたまま。これは非常に不健全である。中にいる人たちは居心地がいいのかもしれないが、端で見ていると実に気持ちが悪い。

だから、50歳になったら意識的に仲間を変えるべきなのだ。仲間を変えてサラリーマンの均質社会から抜け出す準備をしなければ。それをせずに定年まで行ってしまったら、仲間とともにフリーズして老後を過ごすしかなくなってしまう。

会社の秩序を持ち込むな

僕の場合は、バイクでもスノーモービルでもジェットスキーでも音楽でも、全部仲間が違う。互いにどんな職業なのかなんて、知らなくても全然困らないが、バイク仲間の職業をちょっと調べてみたら、工務店の経営者、すし職人、新聞配達をやっている少年、工場で働いている人、とさまざまだった。

バイクの世界では、一番うまいヤツが一番偉い、と決まっている。へたなヤツは転んで死ぬかもしれない。だから、うまいヤツの言うことを聞いて、後をついていく。実力だけがものをいう世界なのだ。

ところが、これが、サラリーマン同士だったら、会社の秩序がそこにどうしても入り込んでしまう。会社ではオレの方が偉い、給料が高いといった、実力とは別の序列が入ってくる。

サラリーマン社会だけしか知らない人間は、それが異常だということにはなかなか気づけない。囲碁クラブのおじいさんたちが、傍目には気持ちが悪くても、本人たちがうれしそうなのはそのせいなのだ。

僕に言わせれば、映画『釣りバカ日誌』のハマちゃんは、社長を持ち上げすぎである。釣り人の世界では、社長よりハマちゃんの方が偉いはずなのだ。言いたいことを言っているようで、社長のことはしっかり持ち上げているハマちゃんを見ていると、やはりこの人は、自由な人物のようでいて根はサラリーマンなのだな、と思う。

音楽仲間との関係は、同じ実力の世界でもまたバイクとは違う。スノーモービルとも違う。同じバイク仲間でもオーストラリアの仲間と日本の仲間とはまたちょっと雰囲気が違う。そういういろいろなグループ、いろいろな仲間とのつきあいというのは、第2の人生を充実させていく上で欠かせないものだ。

50歳のあなたはサラリーマン社会という均質な社会にすでに25年以上も身を置いている。自分から意識的に外に出て、いろいろな仲間と出会い、つきあいを多様化させる努力が必要だ。

サラリーマン社会から離れようとしたら、趣味のサークルにでも入るしかないかというとそんなことはない。たとえば、ごく身近なところで地域コミュニティは、サラリーマン社会とは異質な世界だ。

50代のうちに、図書館の運営を手伝うとか、小学校や中学校へ行って、先端的なマーケティングの話をするとか、地元の子供の面倒を見るといった活動をすることは、地域にとってもあなた自身にとっても、とてもいいことだ。

そんな活動を通じて地元商店街の人たちや、町内会の人たちとの交流が深まれば、退職してからもその地域で楽しくやっていけるのではないか。

遊びの計画はまっ先にスケジュールに書き込む

会議はリゾート地で

僕は、マッキンゼー時代、仕事で忙しくてたまらないような顔をしながら、大いに遊ばせてもらっていた。30代、40代の間に、世界中で200か所ぐらいのダイビングスポットに行ったし、年間1週間はスキー場で過ごしていた。

どうしてこんなことが可能だったかというと、出張でマレーシアに行くと、2日くらい遊んでくる。フィリピンに講演に行き、その前日と翌日に潜ってくる。オーストリア出張の帰りにまっすぐに帰らずちょっとスキーをしてくる。こういう地道な積み重ねで、ダイビングとスキーは相当なベテランになってしまった。講演も会社の出張も、遊ぶということを前提で日程を組んできた。

マッキンゼーという会社は、おもしろい会社で、社内会議をだいたいリゾート地で開く。たとえば太平洋のミーティングのときは、アマンプリというタイのリゾート地にみんなを集める。ヨーロッパなら「コートダジュールにオテル・デュ・キャップという良いホテルがあるからあそこにしよう」。日本からはるばるミーティングに行くのだから「オーストリアのアールベルクのホテルにしよう」。そういうところに集まって、午前中だけミーティングをして、午後からスキーをしたり、ダイビングに行ったり。社員も似た者同士だったから、結構そういうことがやってこられた。

仕事より遊びを優先

遊びの年間計画は、毎年年頭に立ててしまう。たとえば3月の第2週はスキー、そのほかの3月の週末はスノーモービル、6月には、山形でトライアルバイクの大会、夏はダイビングもやりたいし、オーストラリアでジェットスキーもしたい。この日は、カミさんの篠笛のコンサート、などというように、日程の決まっているものをあらかじめ全部スケジュールに入れてしまう。

さらに、美容院もマッサージもここで訪れる日を決めてしまうし、3週間に一度巻き爪の治療のために通うネイルサロンも1年分まとめて予約をとる。

このスケジュール表をまずつくってから、次に仕事の予定を入れていく。たとえば、「3月の第2週に講演を」というオーダーなら、スキーの日と重なるので、断る。つまり、基本方針は、仕事よりも先に入っている遊びを大切にするわけだ。こんなふうに何がなんでも休みをとってしまうと、どんなに忙しくても、遊びの時間を確保できるものなのだ。

退職後の仕事はあくまで趣味の一つと考えよ

学校で教えるという道も

定年後の起業は勧めない。退職金を資本金に充てるなんてもってのほかである。65歳になってからリスクを抱え込むようなことは絶対にすべきではない。新たな借金もしてはいけない。このままいけば、50代の人たちの生活は最後まで安泰なのだ。ほかの世代はこうはいかないのだ。その幸運を自分から手放すようなことを、決してしてはいけない。

何か社会に役立つことをしたい、社会との接点を持ち続けたい、という人は多いと思う。社会貢献というのは老後の活動の大切な要素である。NPO、近所の学校に行って教える、図書館で検索の手伝いをする、などいろいろな活動があるだろう。でも、これらの活動で稼ごうとしてはダメ、あくまでも趣味の範囲にとどめることが大切だ。

「定年後にやりたいことを10個以上見つけろ」と前述したが、定年後の仕事は、その10個のアクティビティの中の一つ、スポーツや楽器演奏と同じレベルで考えれば、間違いのないところだろう。

もしもチャンスやルートがあるのなら、大学の先生はお勧めの仕事だ。僕のマッキンゼー時代の友人も、三人ほど大学で教え始めているが、非常に楽しそうだ。国公立大学の独立行政法人化によって、講師の採用も弾力化されてきており、とくに地方自治体のつくった大学、○○県立大学とか、○○工科大学といった大学に、元サラリーマン講師が非常に増えているようだ。

大学の先生のいいところは、非常勤講師として、講座をひとつもつ程度なら、自分のスケジュールがそんなに圧迫されないことだろう。にもかかわらず、充実感は非常に高い。若い学生たちとのつきあいも刺激的で楽しい。在職中は［○○大学］という名刺がもらえる。これもメリットだろう。

県立の短大などにいくと、コンピューターメーカー出身のおじさんが、女子大生にコンピューターを教えて非常に慕われていたりする。実務経験のある講師の講座は、ずっとアカデミックの世界で生きてきた先生と、違った魅力があるのだろう。

コンピューターに目を白黒させている彼女たちの前で、彼女たちが知らない言葉を使って尊敬される、というのは気持ちのいいものなのではないか。卒業式は「仰げば尊し」で、いっしょに壇上にのぼったりできるかもしれない。

ただ、どのくらい続けられるかというと、長くてせいぜい5年。給料も決して高くない。でも、充実して70歳まで行かれるのだから、よしとしよう。職業と思ったら見誤る。

しょせん、いずれ成仏するためのひとつの道筋、と思っていた方がいいだろう。

プロにはなれない

僕の友人でマッキンゼーを定年退職し、家具職人になった人がいる。彼は、退職後、55歳を過ぎてから松本の職業訓練学校に入った。そして、失業保険をもらい、家具コースで勉強をしたわけだ。

職業訓練学校では、毎日出席するたびに、一日9200円がもらえるのだそうだ。けっこうな退職金をもらった男が、蓼科の別荘からベンツで学校に通い、毎日9200円もらっている。おかしな話だが、職業訓練学校は、自立を支援する学校だから、そういうことになるのだろう。

学校では彼は当然最年長。クラスメートは中卒の若者も多かったという。で、何がはっきりしたかというと、職人になるには、やはり若いほどいい、ということだった。

半年間の木工コースを受けて、一番成績が良かったのは、中卒の若い人。僕の友人は金があるから、この一番の若者を誘って、いっしょに家具づくりを始めた。そこではっきりした。こいつはプロになる人間だが、自分はしょせん趣味止まりだ。

僕がやっている大前塾でも、経営分析の手法の修得など、やはり35歳くらいまでにやっておかないとできないことがたくさんある。彼も、自分で結構いい家具をつくれるようになったけど、1年にひとつかふたつしかつくらないから、商売にはならない。若い人はそれを大量生産しちゃう。この違いが大きいのだろう。だが、商売にはならなくても、ものづくりの満足感は残るだろう。定年後に始める仕事は、これさえあればいいのではないか。

若いほど有利な世界で勝負するな

インターネットでホームページを立ち上げながら、サラリーマンが商売みたいなのを起こす週末起業が流行だが、50歳からの人には勧められない。この領域は、もう絶対35歳のヤツにはかなわない。35歳のヤツは25歳にかなわない。これはスポーツと同じでヤングマンズ・ゲームなのだ。若いヤツの方がどうしたって強い。

今フリーターが増えているが、あの若者たちのかなりの部分は、ホームページなんか朝飯前に立ち上げられる程度のスキルを持っている。そういうのを持っているのが、フリーターをやっているのだ。

こういう若者たちは、ホームページをつくってと言われたら、安い料金で、スッとやってくれる。僕もそういう若い人をずいぶん使っているけれど、50歳を過ぎてそういうことをやろうとしたら、きついと思う。やっぱり50歳がつくるホームページは趣味止まりだと思う。

それに、今世界中で5億個のホームページがあるから、お客さんがそこに来てくれる可能性は薄いだろう。Yahoo! オークションに出すのなら別だが、自分のホームページで売るのは難しい。1年たっても来客カウンターで1万人以下の場合は、見ているのは内輪だ。自分と友人と家族とか。

つまり、それができる、ということと、それを商売にしていける、ということとは全然違うのである。

アムウェイやノニジュースでネットワーク販売をやっている人を見ていると、実にプロである。ほとんど神がかっている。なべやかまをスゴイ値段でばんばん売っていく。そういうのが売れる場をつくり出せる特殊な能力が要求されているわけで、それを持っている人が勝つ。ノニジュースのトップセールスマンは35歳くらい、アムウェイのインストラクターに50歳の人がいるけれど、これは、すごくまれなことだ。

うまい話はいっぱいあるけれど、結局それはうまい話なのだ。50歳のあなたの次の次の世代ぐらいからは、眉唾《まゆつば》だろうが危なっかしかろうが、そういうものを追っていかないとどうしようもなくなるけれど、50代はそんな無理をしなくてもなんとかなる世代だ。

恵まれていることを自覚して、ばくちみたいなことには手を出さない方がいい。

とにかく退職後は、リスクを抱え込まない、新たな借金をしない。仕事は趣味と考える。欲を出して儲《もう》けようと思わない、これが大原則なのである。

資格取得よりも資産運用の勉強にしっかり時間を割く

資格でメシは食えない

50代のうちに資格を取り、定年後はこの資格でメシを食っていこう、と考えている人がいるが、それは無理だ。50代で取ってメシが食える資格など皆無である。たとえば宅建は20代、30代でやるならいいが、50歳を過ぎてから取って職業になった人は見たことがない。

難関の公認会計士の資格を50代に苦労して取ったとする。だが、経験の浅い65歳の会計士に依頼する人は現れないだろう。せいぜい自分の納税申告を自分でやる程度にしか役立ちそうもない。

英語の資格も数多いが、取ったから何？　という感じである。

司法書士はコンピューター化で仕事が激減しているから、今では相当優秀な司法書士でも仕事にあぶれている。そんなものを50過ぎて無理に勉強しなくても、というものだろう。

庭師、マッサージ師、整体師、このあたりは資格を取れたとしても依頼人が出てくるのか。65歳のマッサージ師に仕事があるのか。奥さんをマッサージしてあげるぐらいしか使い道がなさそうだ。

資格というものは、とっただけですぐに商売になりますというものではない。取得後インターンみたいなことをやり、経験を積んで独り立ちするというプロセスが必要なものがほとんどだ。だから、50歳を過ぎてから、資格試験の勉強をするのは、はっきり言って時間のムダである。

とは言え、勉強が好きで勉強することそのものが目的になっている人に、辞めろとは言わない。ただ、どうせ職業に結びつかないのなら、資格取得の勉強よりも、母校に学士入学するとか音楽大学に通う、ということの方が、精神的な満足度は高いのではないか。

資産の3分の1はリスクマネーに

50代が必死で勉強しなければいけないのは、資産運用である。資産運用には、これからの生活がかかっている。大学受験に費やしたのと同じくらいのエネルギーを傾けて勉強すべきではないか。

定年後は毎月入っていた定期収入がなくなる。持っているお金と年金をいかにうまく生かすかが勝負だ。パソコンさえあれば、いくらでも自分で勉強できるだろう。

僕のお勧めしたいのは、このままでいくと、余るな、と思うお金の、３分の１程度をリスクマネーとし、一か八かの勝負に出るということだ。

どうせ死ぬときにお金を余らせてしまう世代なのだから、リスクは高くても、おもしろそうな若い人の会社に投資してみることをお勧めする。

残した資産をバカ娘・バカ息子にくれてやるのはやめて、有望と思われ、将来の日本にこういう会社は必要だな、と思われる会社に投資してやってほしい。僕はアタッカーズ・ビジネススクール（ＡＢＳ）という起業家養成学校をやっている。もう8年になる。４０００人の卒業生がいる。彼等は皆、起業するときに金がない。数百万円の金をつくり出せないで苦労しているのだ。

そして、その人たちに対して、自分がこれまで経験してきたことを話し、シェアしてやり、アドバイスしてやる。これによって、あなたの残した資産の３分の１は、若い世代に受け継がれることになる。

今、日本全国にアイデアとエネルギーにはあふれているけれど、金には困っている会社がたくさんある。銀行は、こういう会社に金を貸さない。今の50代には、そんな会社を支える役回りも引き受けてもらいたい、と思っている。そういうゆとりのある世代なのだから。

県庁などに問い合わせれば、資金援助を求めているベンチャー企業の情報は得られる。

今のすみか以外の場所に住むことを考えてみる

都心回帰か超田舎か

今の50代の人が住んでいる家は、多摩丘陵を崩して建てたような小さな一戸建かマンションで、都心からは1時間半の距離というのが平均像である。買った当時は、子供の通学にはいいし、周辺環境もまあまあだし、お父さんの通勤には不便だけれど、それ以外はそこそこの条件が揃った物件だった。

ところが、20年たった今となると、その場所はどうにも中途半端。付近には文化の薫りもなく、巣立った子供たちは寄りつかない、すし詰め電車での長時間通勤というイヤな思い出だけが残っている。最悪の場所になってしまったわけである。

60代の人が百合ヶ丘あたりの戸建の庭先に子供の家を建て、孫の顔を見ながら幸せに暮らしているのと比べると、エライ違いだ。当然、50代の人に聞けば「老後は今のマンションには住み続けたくない」という答えが圧倒的である。

今は都心がどんどん開発されており、通勤30分圏内に、買いやすい価格のマンションが急増している。ということは、通勤1時間とか1時間半の人たちの土地の価格は下がるのが当たり前。金になるうちにそういう物件はサッサと売ってしまって、都心の狭いマンションを確保した方がいい。

ということで、このところ増えているのが、都心回帰派である。動いているのは50代後半から60代の人たち。通勤を考えてではなく、引退後の生活の場所として都心を選んでいるのだ。

都心ならコンサートにも展覧会にも気軽に行けるし、帰りの電車を気にしなくてすむ。おいしいレストランも死ぬほどある。

夫婦二人の住まいだって、1LDKのマンションなら、中央区内でも2800万～3200万円で手に入る。となると、今住んでいるところと等価交換か、ちょっとの持ち出しで買うことができるのである。

僕はよくカミさんと自転車で、本郷の東大の裏から谷中の方まで続く散歩道へ行くのだが、晴れた日曜日などは、これは何だ？　というくらいズラズラズラズラ中高年の夫婦が歩いている。一昔前はだれも来なかった場所だけれど、今はちょうど京都の「哲学の道」のような感じになっているのだ。そういう人をあてこんで、いつの間にか江戸時代っぽい風情のお茶屋さんができたりして、大にぎわいだ。

大阪ではこういう現象は起きていないから、やはり東京の場合は都心に魅力があるのだろう。

一方、超田舎へ行ってしまう人もいる。自分の故郷に戻る、あるいは自分の気に入った田舎に移り住む。蓼科、軽井沢、榛名《はるな》といった別荘地にウィークエンドハウスを持っていて、時期が来たらそこに定住するという人もいる。

僕は20年以上前から蓼科に山荘を持っているけれど、昔はほとんどいなかった定住者が激増しているのは確かだ。

その大半は子供の育ちあがった夫婦。都心のサラリーマンが、引退後の居場所を求めて移動してきているという実感がある。

最近の蓼科は、真冬に行っても人がいるし、レストランもやっている。数年前なら考えられなかったことだ。

都心に行くか、田舎に行くか、これが50代の大きな決断となる。

実は、老後の計画を立てるとき、一番重要になってくるのは住む場所だ。住む場所が行動範囲を決めるし、つきあう友達を決める。

老後をだれとどんなふうに生きたいか、何をやって過ごしたいか。住む場所を決めるにあたっては、このあたりまでを考えておかなければならない。

引退後の海外移住は世界標準

実はもうひとつ、すごくいい選択肢がある。それは海外に行くというオプションだ。

たとえば、日本と季節が逆さまのオーストラリア。ゴールドコーストあたりだと、最近だいぶ値段が上がってしまったが、ちょっと場所をはずせば1000万円くらいで家が買える。

パースのそばのマーガレットリバーあたりまで行けば、500万円で駐車場が3台分ついた家を売っている。

日本人がそばにいないと寂しいということなら、やはりちょっと高いがゴールドコーストがお勧めだ。日本人コミュニティがあって、日本食も売っている。マンションは3000万円くらいするが、生活費がとにかく安い。

オーストラリアでは、４人家族の世帯主の平均年俸が２４０万円だ。日本で年金を25万円もらっていたら、年俸３００万円。４人家族を養うのに２４０万円なのだから、ずいぶんおつりがくるではないか。

フィリピンだったら、10万円あれば、バトラー一人、住み込みのお手伝いさん一人、おまけに5人でシェアすれば専任の看護師までつく。

治安が悪いから、場所はスービックなど、安全なところに限られてしまうが、スービックは風光明媚《ふうこうめいび》ないいところだし、成田から4時間という近さ。今後日本人が必ず増えていくと思う。

本当に好きな趣味を思う存分安くやって、いよいよ介護が必要というときになったら、介護の専門家をフルタイムで雇っても年金でおつりがくる。フィリピンにはヘルステクニカルアシスタントという国家試験があって、希望すればそういう資格のある人を雇うこともできる。こんな安心な老後はないだろう。

ミャンマーだったら、物価がフィリピンの半分だから、今述べたことが5万円でできる。

国境をまたいで引退するというのは、実はすでに世界の標準になっている。

イギリス人は引退後ポルトガルに行くから、ポルトガルの別荘地はほとんどイギリス人だ。アメリカ人はだいたいフロリダあたりだが、一部はカリブ海に行く。ドイツ人やスウェーデン人は、イタリアに行く。イタリア人はもっと安いスペインの方へ行く。

こういう発想は、まだ日本ではなじみがないが、先進国で日本並みの年金をもらっている国の人は、たいてい物価の安いよその国へ行って、悠々自適に暮らしている。

子供や孫も海外だと休暇ごとに遊びにきて、関係が良くなったりするので、思い切って外へ出た日本人の中では、満足している人が多いのではないか。

物価が日本の半分以下という国は、世界中に山のようにある。内外格差を利用して海外へ行くというオプションは、50代の人たちは現実的な選択肢として検討することをお勧めしたい。40代の人は、今の日本の年金政策を見れば、そういうことを考えなければ、老後の生計は立てられないというところまで行くだろう。

日本の都会か、田舎か、外国か、という三つの選択肢のどれを選ぶか。これを考えるのは、50歳前後からスタートすべきだ。

ここはいいな、と思った場所には、必ず何回かバケーションで行ってみる。季節を変えて滞在してみる。65歳になってはじめて行くような場所は絶対にダメ。何度も足を運び、現地のことにも詳しくなり、現地に知り合いもでき、第２の故郷と思えるくらいになってから行くべきだと思う。

候補地をしぼるだけでも場合によっては何年もかかるから、海外も含めて考えるのなら、今すぐ行動を開始したほうがいい。

奥さんといっしょにこれから15年かけて、引退後の最適地を探す、こういう時間の使い方も楽しいのではないか。

ときには子供たちも連れて行く。現地の自動車運転免許やボートの免許も若いうちに取っておく。準備万端整え、こんな場所に、こんな家が欲しい、ここでこういうことをしたい、と具体的にイメージして、満を持して行くこと。これが僕からのアドバイスだ。

死ぬならここでという場所があるだろうか

こだわりの地

僕は感動するくらいきれいな場所で死にたいと思っている。だから仕事にかこつけていろいろなところへ行き、死に場所探しをしてきた。これこそ死に場所、と思ったのは日本だけで4か所ある。

日本の候補地のひとつは、徳島の鳴門《なると》の渦の見える丘の上だ。国立公園の中で、釣りの天国のようなところである。鳴門には十数年にわたって釣りに行っているのだが、そのたびに景色のすばらしさと魚料理のうまさに感動する。なんとかあの場所を手に入れたいと思うのだが、僕の狙っている場所がどうしても売りに出ない。

年に2回行き、死に場所としてのすばらしさを確認するたびに、さらにほしくなる、という僕のあこがれの地だ。

二つ目は高知県の四万十川《しまんとがわ》流域。大自然が残っており、清流でしかも暖かい。僕は寒いところでは死にたくないのである。

三つ目は、鹿児島の開聞岳《かいもんだけ》の麓《ふもと》である。1月の終わりから2月に行くと、見渡す限り一面が菜の花で覆われている。その向こうの空に、富士山を小さくしたような開聞岳が見え、南の風が暖かく吹いてくる。まさに天国なのである。

1月か2月に死にそうになったら、絶対ここにしようと思っている。

四つ目は、自分の山荘のある蓼科だ。山荘を建てたのは、10年くらいかけてバイクで蓼科の山中を走り回り、ここだ、と決めた場所だ。

うちに来た人は、その眺めの良さに、うらやましくてため息が出るという。あんなに良い景色の場所があることを、不動産のセールスマンも知らなかった。

普通は見つからないのだけれど、僕は木に登って確かめた。そこは地面より10メートルくらい土台を高くして建てると、すばらしい景色が見える。

夏に行くと、木が茂っているから、わからない。冬に何度も通った僕だから見つけられたのだと思う。もう、死んだらあそこに骨をまいてほしい、それくらい気に入っているのだ。

こんなに死にたい場所ばかりあって、どうするんだろう？　最後の瞬間に決めるのかな？　最後に僕はどこを選ぶんだろう？　と、しょうもないことを考えるのも好きなのだ。

海外にも、数か所あるけれど、死に場所ばかりが増えていくので困っているのだ。だれかから「ここはいいぞ」と聞くと、自分の目で見て確かめたくてたまらなくなってしまう。

外国で行きたいところでまだ行っていないのは、「沈黙の海」の紅海。ジャン・コクトーの世界。それからスロヴェニアのカルスト地方。クロアチアのドブロブニクという町のあたりだ。考えてみればいつも何かを追っかけているような気がする。これが僕の行動パターンなのだろう。

僕の人生観は、「ああ、しあわせな人生だった」と悔いを残さずに死ねるような生き方をしたい、ということ。感動するようなきれいな場所で、「ああ、しあわせだった」と死にたいものである。

妻は残りの時間を自由に生きたいと望んでいるかもしれない

定年退職離婚

「定年退職離婚」が多いというが、この理由はよくわかる。夫が退職し、サンデー毎日になり、家でゴロゴロしている。一日中、面倒を見させられるのは、ごめんだわ、私はお手伝いさんじゃない、というわけだ。

会社に行ってくれている間は目につかないからまだよかったけど、毎日家にいられるのはじゃまだわ、たまらないわ、と。

女は男より寿命が5年長いから、夫が死んだ後、計算では5年間自由になれる。だけど、80歳から85歳の5年間だけじゃ足りない。

退職金や貯金を半分もらえればやっていけるのだから、そこまで我慢する必要は何もない。切り捨てるのなら早い方がいい。

こう考えてくると、女の人生というものは、夫が退職した時点で離婚するというのがベストだ、ということになる。夫がそれでもいっしょにいたいほどの男であるかどうか、というのが奥さんの判断の基準だろう。

退職時に奥さんから離婚を切り出されたら、それはもう自分に甲斐性がなかったということで、奥さんの勤務評定を潔く受け入れるしかないだろう。

オレのことはだれが看取ってくれるんだ、介護が必要になったら、どうする？ などと取り乱してはいけない。

奥さんは看護師でもなければ介護士でもないのだから、そういうことは金を出してだれかを雇うか、国の制度を利用するしかない。そのぐらいはあきらめなくては。相手が結論を出しているのだから、素直に受け入れ、気持ちを切り替えて、男同士のつきあいを拡げていくしかないだろう。

奥さんは気づいていないだろうが、このぐらいの年になると、意外にも、男は、男の仲間といるのが一番楽しいものだ。僕も、何日いっしょに過ごしていても何時間話をしても飽きないヤツがいる。

自由で身軽になった男は、輝いて見えるはずだから、また新しい出会いがあるかもしれない。ここは元気に前向きに生きていくしかないだろう。

クリントン元大統領のように『マイライフ』を書いてみる

ああ、オレの人生良かった

僕の人生最後のセリフは、もう、決めてある。

「ああ、オレの人生良かった。本当に感謝している」こう言い残して僕はこの世を去るのだ。

そのために、悔いを残さぬよう、やり残しのないよう、これまで生きてきた。

クリントン元米大統領の自叙伝『マイライフ』(朝日新聞社)を読んで、感じたのは、あれほどの人でも、「こういうことができたらよかった」「あそこであれをすべきだった」と人生にいくつもの悔いを残していることだ。

あれだけの業績を残したクリントンが、50代でマイライフを振り返り、自分にできたことはこれで、うまくできなかったことはこれ、と非常に率直に書きつづっている。

彼は、『マイライフ』を書くことで、今まで心に貯め込んできたいろいろなものに、整理をつけたのではないか。そして、そのことが、これからの生き方を方向づけたのではないか。

50代の人には、ぜひ『マイライフ』を読むことをお勧めしたい。読んだら『マイライフ』の自分バージョンを書いてみるといい。クリントンみたいに900ページも書かなくていいから、9ページでいいから、書いてみるといい。

そして、自分の『マイライフ』が書けたら、そこから、今後30年間の「マイライフ・インザフューチャー」について考えてみよう。

そのとき、自分がどうなりたいかを強く強く思うことが大切だ。

松下幸之助さんと稲盛和夫さんは、共通して「願望持たな、あきまへんで」と言っている。成功したいと思ったら、強い思いを持たなくてはいけません、と、そればかりを言っているのだ。

50歳であなたの『マイライフ』を書き、「マイライフ・インザフューチャー」に強い思いを持つ。

そうすれば、あなたは死ぬときに、「ああ、オレの人生は良かった」「すべての人に感謝したい」という思いを残せるのではないか。

目次・扉レイアウト＝諏訪部博之
日本音楽著作権協会（出）許諾第〇八〇〇七二三―八〇一

この作品は二〇〇四年十一月、集英社より刊行されました。

集英社文庫

50代《だい》からの選択《せんたく》 ビジネスマンは人生《じんせい》の後半《こうはん》にどう備《そな》えるべきか

2008年2月25日 第1刷　　定価はカバーに表示してあります。

著者 大前研一《おおまえけんいち》
発行者 加藤 潤
発行所 株式会社 集英社
東京都千代田区一ツ橋2-5-10 〒101-8050
電話 03-3230-6095（編集）
03-3230-6393（販売）
03-3230-6080（読者係）
印刷 大日本印刷株式会社
製本 大日本印刷株式会社

フォーマットデザイン アリヤマデザインストア　　マークデザイン 居山浩二

ISBN978-4-08-746266-1 C0195